MAP

おとな旅
プレミアム
PREMIUM

付録 街歩き地図

札幌・小樽・富良野
旭山動物園

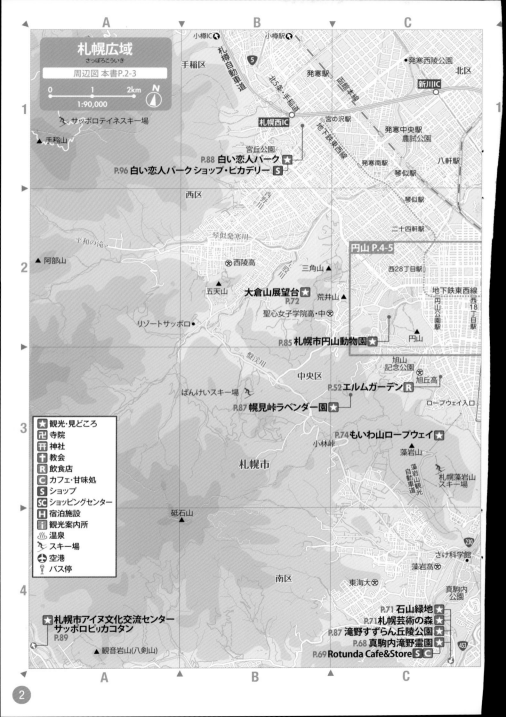

札幌広域
さっぽろこういき

周辺図 本書P.2-3

0　　　1　　　2km
1:90,000

手稲区

小樽IC
小樽駅
発寒西陵公園
北区
新川IC

手稲山

サッポロテイネスキー場

札幌西IC
宮の沢駅
発寒駅
発寒中央駅
農試公園
八軒駅

宮丘公園
P.88 白い恋人パーク ★
P.96 白い恋人パークショップ・ピカデリー S
発寒南駅
琴似駅

西区
琴似駅
二十四軒駅

平和の滝
琴似発寒川

阿部山
円山 P.4-5

西28丁目駅
地下鉄東西線
西18丁目駅

西陵高
三角山
リゾートサッポロ
五天山
大倉山展望台 ★
P.72
荒井山
円山公園駅
円山

聖心女子学院高・中

P.85 札幌市円山動物園 ★

盤渓川
中央区
旭山記念公園
旭丘高

ばんけいスキー場
P.52 エルムガーデン R
ロープウェイ入口

P.87 幌見峠ラベンダー園 ★

P.74 もいわ山ロープウェイ ★

★ 観光・見どころ
卍 寺院
神社
教会
R 飲食店
C カフェ・甘味処
S ショップ
SC ショッピングセンター
H 宿泊施設
i 観光案内所
温泉
スキー場
空港
バス停

札幌市

小林峠
藻岩山
藻岩山自動車道観光
札幌藻岩山スキー場

砥石山

さけ科学館
230
藻岩高

南区
東海大
真駒内公園

★ 札幌市アイヌ文化交流センター
サッポロピリカコタン
P.89

P.71 石山緑地 ★
P.71 札幌芸術の森 ★
P.87 滝野すずらん丘陵公園 ★
P.68 真駒内滝野霊園 ★
P.69 Rotunda Cafe&Store S C

観音岩山(八剣山)
453

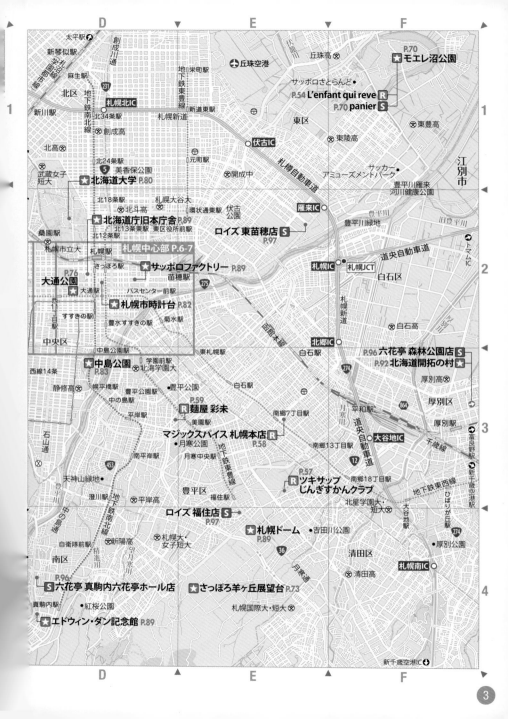

太平駅
新琴似駅
創成川通
創成川公園
丘珠空港
丘珠高
サッポロさとらんど
P.70 ★ モエレ沼公園
麻生駅
北区
地下鉄南北線
新川駅
札幌北IC
北34条駅
創成高
栄町駅
地下鉄東豊線
札幌新道
新道東駅
札幌新道
東区
P.54 L'enfant qui reve R
P.70 panier S
東豊高
伏古IC
東陵高
北高
武蔵女子短大
北24条駅
北海道大学 P.80
北18条駅
北斗高
札幌大谷大
環状通東駅
札樽自動車道
サッカーアミューズメントパーク
豊平川雁来河川健康公園
江別市
雁来IC
豊平川
旧豊平川
トマムIC
桑園駅
北海道庁旧本庁舎 P.89
北13条東駅 東区役所前駅
伏古公園
ロイズ 東苗穂店 S
P.97
豊平緑地
道央自動車道
白石区
北12条駅
札幌市立大
札幌駅
さっぽろ駅
札幌中心部 P.6-7
札幌IC 札幌JCT
P.76
大通公園 ★
大通駅
サッポロファクトリー P.89
苗穂駅
札幌新道
西11丁目駅
バスセンター前駅
札幌市時計台 P.82
白石高
すすきの駅
豊水すすきの駅
菊水駅
函館本線
中央区
中島公園駅
東札幌駅
北郷IC
P.96 六花亭 森林公園店 S
P.92 北海道開拓の村 ★
厚別高
中島公園 ★
P.83
学園前駅
北海学園大
白石駅
西線14条
静修高
幌平橋駅
豊平公園駅
豊平公園
南郷7丁目駅
平和駅
月寒川
道央自動車道
厚別区
厚別駅
石山通
中の島駅
麺屋 彩未 R
美園駅
マジックスパイス 札幌本店 R
P.58
月寒公園
南平岸駅
月寒中央駅
地下鉄東豊線
南郷13丁目駅
大谷地IC
南郷18丁目駅
富良野駅
新千歳空港駅
天神山緑地
豊平区
福住駅
P.57
ツキサップ R
じんぎすかんクラブ
北星学園大・短大
地下鉄東西線
大谷地駅
ひばりが丘駅
澄川駅
平岸高
ロイズ 福住店 S
P.97
自衛隊前駅
新陽高
札幌大・女子短大
札幌ドーム ★
P.89
吉田川公園
厚別公園
南区
紅桜公園
36
清田区
清田高
札幌南IC
P.96 六花亭 真駒内六花亭ホール店 S
さっぽろ羊ヶ丘展望台 ★ P.73
真駒内駅
エドウィン・ダン記念館 ★ P.89
札幌国際大・短大
新千歳空港IC

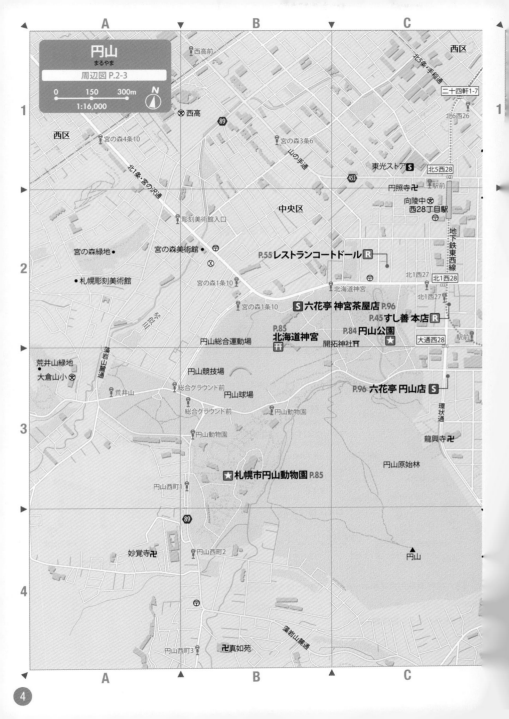

円山
まるやま

周辺図 P.2-3

0　150　300m
1:16,000
N

西高前

西区

二十四軒1-7

北5西26

西高

宮の森4条10

宮の森3条6

山の手通

東光ストア S

北5西28

円照寺 卍

駅前

向陵中

西28丁目駅

西区

北1条・宮の沢通

彫刻美術館入口

中央区

P.55 レストランコートドール R

北1西27

北1西28

宮の森緑地

宮の森美術館

宮の森1条10

北海道神宮

北1西27

札幌彫刻美術館

宮の森1条10

S 六花亭 神宮茶屋店 P.96

P.45 すし善 本店 R

P.85
北海道神宮

P.84 円山公園 ★

大通西28

駅前

開拓神社

円山総合運動場

三方楽

藻岩山麓通

円山競技場

P.96 六花亭 円山店 S

荒井山緑地

荒井山

総合グラウンド前

円山球場

大倉山小

総合グラウンド前

円山動物園

環状通

龍興寺 卍

円山動物園

円山原始林

★ 札幌市円山動物園 P.85

円山西町1

89

円山

妙覚寺 卍

円山西町2

藻岩山麓通

円山西町3

卍 真如苑

二十四軒駅
桑園駅
⊗札幌市立大
イオン札幌桑園店 SC
北区
徳生寺
桑園小
密修寺
桑園小・前
札沼線(学園都市線)
函館本線
北7西13
札幌駅
北6西26
北7西23
北7西20
桑園小・前
北7西15
北7西13

C サッポロ珈琲館 北円山店 P.67
北5西13
コープ S

北5西20
北5西19
北5西17
北5西13
H ルートイン

北5条・手稲通
見真寺
北5西24
H さっぽろ弥生
北5西20
龍谷学園高
西本願寺別院
北2西12
北2西12
札幌大通高

中央区
三岸好太郎美術館
ロイトン H

円山第一鳥居
近代美術館
P.88 北海道知事公館 ★

北1西25
東光ストア
北1条・宮の沢道

円山小
近代美術館
NTTドコモ

P.94 **D&DEPARTMENT HOKKAIDO by3KG** S
大通西15
大通西14

円山公園駅
KITAKARO L S
P.97 P.78 札幌市資料館 ★
P.6-7

フードセンター円山店 S
長生園前
西18丁目駅
大通
西11丁目駅

S マルヤマクラス
大通西25
南1条通
医大病院前
市電

C かまだ茶寮 円山 P.47
瑞龍寺
西15丁目
プリンス H

C 森彦 P.66
札幌医科大
札幌医大附属病院
中央区役所 ○
中央区役所

南3西25
南3西20
南3西16
南4西15
南3西14

西25丁目通
西丁北星学園女子高・中
南3西16

信広寺
南6西25
南6西20
南6西16

南6西24
南6西20
西線6条

東光ストア S

中央区
石山通

R 海鮮・肉鮮ステーキ円山本店 P.53
南7西25
南7西1

南8西25
菊水・旭山公園通
旭山公園通18
南8西16
西線9条
旭山公園通
南8西11

西友 S
南9西22
旭山公園通15
南9西15
旭山公園通13
南9西11

南8西25
幌西小
南9西16
市電
南9西11
中央病院

南9西22
啓明中
230

5

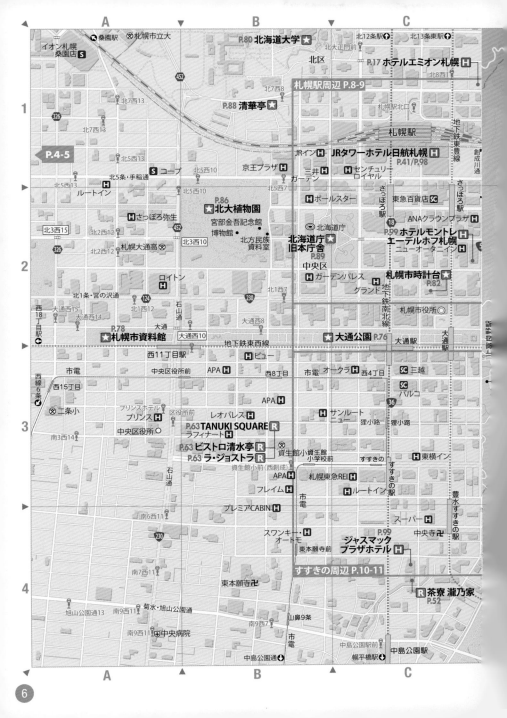

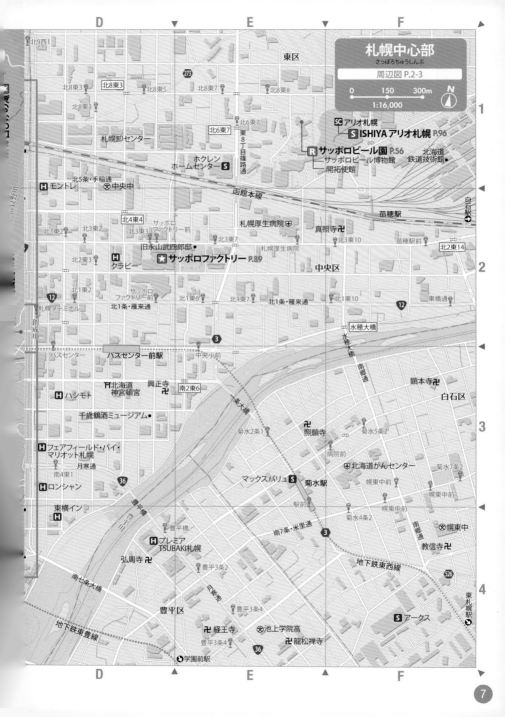

0　　　150　　　300m

1:16,000

N

北9西1

D　▼　E　▼　F　▶

東区

北8東3

北8東3　北8東5　北8東7　北8東8

273

北8東1

札幌卸センター

北6東7

北6東7

SC アリオ札幌
S ISHIYA アリオ札幌 P.96

R サッポロビール園 P.56
　サッポロビール博物館
　開拓使館

北海道
鉄道技術館 ●

ホクレン
ホームセンター S

北8丁目篠路通

1

H モントレ

北5条・手稲通　⊗中央中

函館本線

苗穂駅

白石駅 ▶

◀

北3東2　北3東2

北4東4

北3東3

サッポロ
ファクトリー前

札幌厚生病院 ⊕

真照寺 卍

北3東7

北3東10

苗穂駅前

北2東14

旧永山武四郎邸 ●

札幌厚生病院

北2東3

H クラビー

★ サッポロファクトリー P.89

中央区

2

12

北1東2

サッポロ
ファクトリー前

北1東6　北1東7

北1条・雁来通

札幌ターミナル

北1条・雁来通

北1東10

東橋通

12

創成川

水穂大橋

バスセンター

バスセンター前駅　中央小前

南郷通

水穂大橋

◀

H ハシモト

⊓北海道
神宮頓宮

興正寺
卍

南2東6

顕本寺 卍

3

千歳鶴酒ミュージアム ●

菊水2条1

照願寺
卍

菊水5条2

白石区

H フェアフィールド・バイ・
マリオット札幌

病院前

⊕北海道がんセンター

菊水7条2

南4東1

月寒通

マックスバリュ S

菊水駅

幌東中前

菊水4条2

幌東中前

◀

H ロンシャン

36

駅前

南7条・米里通

⊗幌東中

東横イン
H

豊平橋

3

教信寺 卍

H プレミア
TSUBAKI札幌

弘周寺 卍

豊平3条2

地下鉄東西線

576

東札幌駅 ▶

南七条大橋

豊平区

豊平3条4

池上学院高

S アークス

4

地下鉄東豊線

経王寺 卍

豊平3条4

龍松禅寺 卍

⊗学園前駅

36

D　▲　E　▲　F　▶

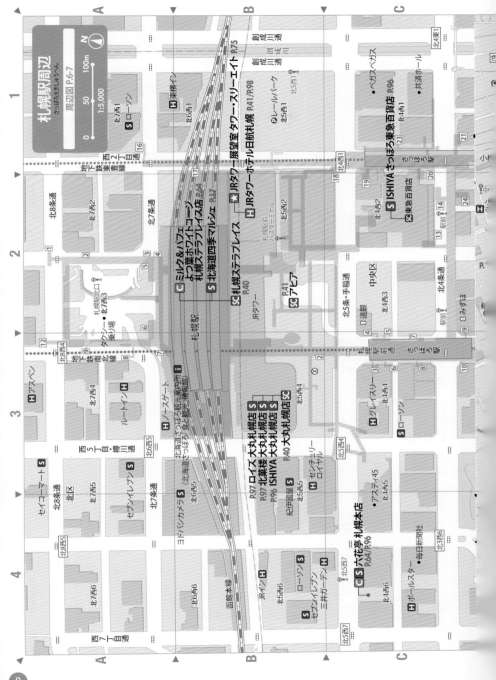

札幌駅周辺
さっぽろえきしゅうへん

周辺図 P.6-7

1:5,000

0　50　100m

N

S ローソン

H 東横イン

★ JRタワー展望室 タワー・スリーエイト P.75

H JRタワーホテル日航札幌 P.41/P.98

◯レールパーク

創成川通

創成川

北5西1

北5西1

S ISHIYA さっぽろ東急百貨店 P.96

ベカスベガス

共済ホール

北4東1

北4西1

H 共済ホール

北7条通

北8条通

北7西2

北6西1

北7西1

16

西2丁目通

地下鉄東豊線

17

北6条通

北6西1

北7条通

C ミルク&パフェ よつ葉ホワイトコージ P.64

札幌ステラプレイス店 P.64

S 北海道四季マルシェ P.41

SC 札幌ステラプレイス P.40

JRタワー

P.41
SC アピア

札幌駅前バスターミナル

北5西2

18

北5西1

19

東急百貨店

北4西2

SC 東急百貨店

20

さっぽろ駅

小

中央区

北5条・手稲通

S 道銀

北5西3

北4条通

北4西3

北4西1

21

23

24

14

13 駅前5

H

札幌駅

JRタワー

北8西4

12

地下鉄南北線

8

9

タクシー・バス乗り場

札幌駅南口・北7西3

6

7

2

4

北5西4

中央

札幌駅前通

さっぽろ駅

2

6

8

10

9

みずほ

H アスペン

H ルートイン

H ノースゲート

北海道さっぽろ「食と観光」情報館

（北海道どさんこプラザ札幌店）

i

北7西4

北7西5

ヨドバシカメラ S

北6西5

S 大丸札幌店 P.97 ロイズ 大丸札幌店

P.97 北菓楼 大丸札幌店

P.96 ISHIYA 大丸札幌店 SC

S P.40 大丸札幌店 SC

北6西4

北6西5

北5西4

北5西4

H JRイン

北5西5

紀伊國屋

S

セブンイレブン

ロイヤル

北5西4

グレスリー

北4西4

S ローソン

北4西4

S セイコーマート

西5丁目樽川通

北区

北8条通

北7西6

北7条通

北6西6

北6条通

函館本線

西7丁目通

S セブンイレブン

三井ガーデン

北5西6

C S 六花亭 札幌本店 P.64/P.96

アスティ45

北4西5

北4西4

毎日新聞社

北4西7

H ボールスター

北3西6

北3西5

北5西7

北5西5

北5西7

8

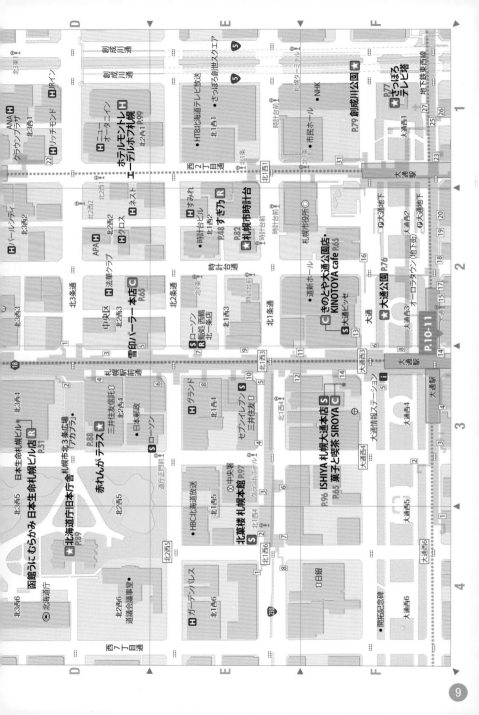

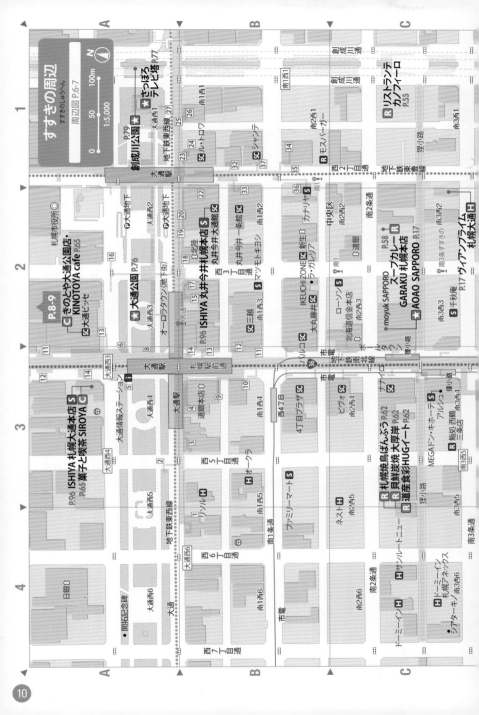

すすきの周辺
すすきのしゅうへん

周辺図 P.6-7

1:5,000
0　50　100m

N

札幌市役所◎

P.8-9

C きのとや大通公園店・
KINOTOYA cafe P.65
SC 大通ビッセ

S ISHIYA 札幌大通本店 P.96
C 菓子と喫茶 SIROYA P.65

★ さっぽろテレビ塔 P.77

★ 創成川公園 P.70

R リストランテ カノフィーロ P.55

大通駅

地下鉄東西線

★ 大通公園 P.76
SC オーロラタウン（地下街）

P.96 ISHIYA 丸井今井札幌本店 **S**
SC 丸井今井札幌本館
SC 丸井今井一条館

S マツモトキヨシ
SC 三越
SC 大丸藤井
ローソン **S**
北海道信金本店

★ AOAO SAPPORO P.17
R GARAKU 札幌本店
スープカレー P.58
●moyuk SAPPORO

R ヴィアンブライム P.17
札幌大通 **H**
S 千秋庵

大通駅
札幌駅前通

市電

SC 4丁目プラザ
ビグオ
SC ナフコ

R 札幌焼鳥串ばんぶう P.62
R 貝鮮炭焼 大厚岸 P.62
R 道産食彩HUG 1丁目 P.62

SC MEGAドン・キホーテ
S 鮨処 南磯

H ソルト
H オークラ

ファミリーマート **S**

ネスト **H**

H サッポロ
H ルートイン

H ドーミーイン 札幌アネックス
シアター＋シ

H ドーミーイン 札幌

開拓記念碑
日銀

R BAR BAR PROPECHO P.50
R 田久鮓 P.46
R はなれ味重 P.32

R Parfaiteria Pal P.61

G DINING札幌

R アイスクリームBar
HOKKAIDOミルク村 P.59

R すみれ 札幌すすきの店 P.59
南4西2 APA H

R 大漁舟盛り居酒屋 大海物語 P.50

R 海味はちきょう R

R 北海道産酒BAR
かま田 P.60

R 北海道産ひつじ肉炭火焼ひつじ
P.57

R 鮨処うえの 本店 P.56

R 成吉思汗 だるま本店 P.56

R BAR一慶
P.60

R ろばた大助 本店 P.51

すし処 ひょうたん
H マイステイズ札幌

R ふくろう亭 P.57

H ジャスマックプラザホテル

36 ダイアナロイネット

ANA ホリデイ・イン

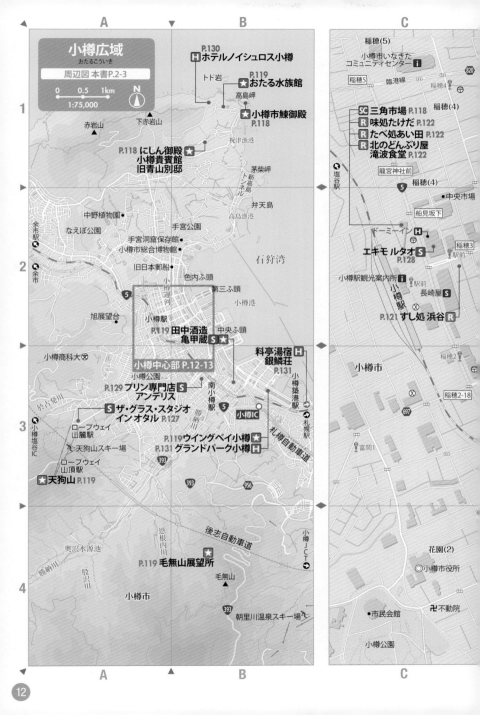

小樽広域
おたるこういき
周辺図 本書P.2-3

0 0.5 1km
1:75,000

A

赤岩山
下赤岩山

中野植物園
なえぼ公園
手宮洞窟保存館
小樽市総合博物館
旧日本郵船

余市
余市駅

旭展望台

小樽商科大

小樽駅
P.119 田中酒造
亀甲蔵 S ★

小樽公園
小樽中心部 P.12-13
P.129 プリン専門店
アンデリス
S ザ・グラス・スタジオ
イン オタル P.127
ロープウェイ
山麓駅
天狗山スキー場
ロープウェイ
山頂駅
★ 天狗山 P.119

於古発川

恩根内川
奥沢水源池
勝納川
股沢川

小樽市

P.119 毛無山展望所

毛無山

朝里川温泉スキー場

B

P.130
H ホテルノイシュロス小樽
トド岩

高島岬
P.119
★ おたる水族館
祝津漁港
★ 小樽市鰊御殿
P.118
茅柴岬
新高島
トンネル
弁天島
高島漁港

P.118 にしん御殿
小樽貴賓館
旧青山別邸 ★

石狩湾

色内ふ頭
第三ふ頭

小樽運河
小樽港

中央ふ頭

料亭湯宿 H
銀鱗荘
P.131
小樽築港駅
札樽自動車道
小樽IC
札幌自動車道

南小樽駅
P.119 ウイングベイ小樽 ★
P.131 グランドパーク小樽 H

後志自動車道

小樽JCT

C

稲穂(5)
小樽市いなきた
コミュニティセンター i
稲穂5
臨港線
稲穂4
820
稲穂(4)
SC 三角市場 P.118
R 味処たけだ P.122
R たべ処あい田 P.122
R 北のどんぶり屋
滝波食堂 P.122
龍宮神社前
塩谷駅
5 稲穂(4)
中央市場
船見坂下
ドーミーイン H
エキモ ルタオ S
P.128 駅前 稲穂3
小樽駅観光案内所 i
駅前
小樽駅
長崎屋 S
P.121 すし処 浜谷 R
稲穂2
小樽市
稲穂2-18
697
富岡1

花園(2)
◎小樽市役所
卍不動院
市民会館
小樽公園

小樽中心部
おたるちゅうしんぶ

周辺図 P.12

0　　100　　200m
1:10,000
N

祝津港

小樽海上観光船

小樽港

第1ふ頭

D

色内2
色内大通
内(2)
竜宮通
旧大家倉庫　月見橋
飴屋六兵衛本舗 S P.129
小樽市総合博物館 運河館●
船見通
国際インフォメーションセンター i
(運河プラザ観光案内所)
P.116 旧安田銀行 ★
小樽支店
樽グリーン
テル本館
中央通
色内(1)
色内1
中央通

手宮線跡地●
運河の宿おたるふる川 H
小樽市 P.114 小樽芸術村 ★
17 旧北海道拓殖銀行小樽支店 ★
P.117 旧北海道銀行本店 ★
ワイン＆カフェレストラン
小樽バイン R
P.125
市立小樽美術館
S 小樽あまとう P.129
H オーセント小樽
P.118 日本銀行 ★
旧小樽支店
金融資料館
P.116 日本銀行 ★
旧小樽支店

稲穂(1)

新倉屋花園本店 S
P.129

花園1-7
花園(1)
市役所通
市役所下
公園通
花園十字街
花園公園通
5
花園(4)
花園グリーンロード

小樽市

花園(3)

E

小樽運河

旭橋
竜宮橋

R 洋食屋マンジャーレ TAKINAMI P.125

観光船乗り場

運河プラザ
中央橋　港町
★ 小樽運河クルーズ P.111

H ノルド

R 小樽ビール 小樽倉庫No.1 P.124

ゾニア H　★ 小樽運河 P.110

R 小樽出抜小路 P.118

i 浅草橋街園観光案内所
小樽運河

S 大正硝子館 P.127
S 小樽キャンドル工房 P.112
★ 旧百十三銀行小樽支店 P.117

日銀通り
本局前
S 海鳴楼

★ 旧第一銀行小樽支店 P.116

R 鮨処よし P.120

R おたる 政寿司 本店 P.121

東雲町
P.112 堺町通り ★

旧寿原邸

水天宮 H P.113/P.128
ヌーベルバーグ ルタオ ショコラティエ S
小樽本店
北一硝子前

函館本線

H おたるないバックパッカーズ
ホステル杜の樹
相生町
メルヘン交差点

P.113 小樽オルゴール堂本館 S

入船1

入船(1)

北海道 H

南小樽駅 H
南小樽駅下

F

旧三菱銀行小樽支店 P.117
S 桑田屋本店 P.129

港町

S 小樽浪漫館 P.112
C Cafe DECO P.123

かま栄本社前

臨港線

17
ヴェネツィア美術館 P.113
●豊国産業

★ 北一ヴェネチア美術館 P.113
S ルタオ プラス P.128
S ルタオ パトス P.128

P.113/P.126
S 北一硝子三号館
C 北一ホール P.123

S 小樽洋菓子舗
ルタオ本店 P.113/P.128

北一硝子三号館前
メルヘン

有幌町

住吉町

17

富良野・美瑛広域

ふらの・びえいこういき

周辺図 本書P.2-3

N

1:170,000

0 2 4km

A

- 岩山▲

B

- 三井山▲
- 朝日山▲
- 南山▲

美瑛町

- 聖台貯水池

★せるぶの丘・亜斗夢の丘 P.150

★北西の丘展望公園 P.147

★千代田の丘 P.148

H 真風舎

L ファームズ千代田 P.153

C カフェ・ド・ラ・ペ P.159

道の駅びえい「白金ビルケ」

皆空窯 P.140

H 白金青い池 P.140

★白樺街道 P.141

H 森の旅亭 びえい P.141

H 湯元 白金温泉ホテル P.141

C

旭川空港 ✈

西聖和駅 ◉ 千代ヶ岡駅

北美瑛駅

★セブンスターの木 P.146

★親子の木 P.146

美馬牛駅

新栄の丘 展望公園

★かんのファーム P.150

★四季彩の丘 P.148/P.150

R 歩人 P.157

H ペンションランドスケープふらの

H コスモスファーム

★フラワーランドかみふらの P.150

H 大地の宿 じょう舎

美瑛 P.17

旭川市

- 神楽岳▲
- 川上山▲
- 向山▲
- 台ノ下山▲
- 福辺蒲山▲
- 初子山▲
- 熊山▲
- 平岳▲

芦別市

- 奥山▲
- 那英山▲

14

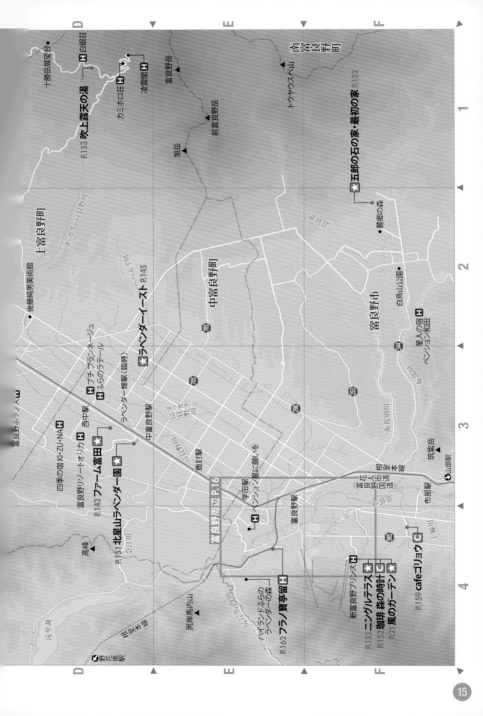

富良野ルベシベ山

十勝岳展望台●
吹上露天の湯 P.153
カミホロ荘 H
H 白銀荘

上富良野町

● 後藤純男美術館

富良野岳
前富良野岳
凌雲閣 H
旭岳

南富良野町
トウヤウスベ山

★ 五郎の石の家・最初の家 P.152
● 麓郷の森

空知川

中富良野町

白鳥山公園 ●
富良野市

★ ラベンダーイースト P.145

H プチ プランネージュ
H ふらのラテール
ラベンダー畑駅（臨時）
中富良野駅

四季の宿 KI-ZU-NA **H**
西中駅
★ ファーム富田 P.142

★ 北星山ラベンダー園 P.151

高峰

鹿討駅

富良野周辺 P.16

星人の宿
ペンション和田 **H**

学田駅

H ペンション星に願いを

富良野駅

根室本線
(富良野国道)
花人街道国道237号

布部駅
山部駅 **G**
筑紫岳

尻岸馬内山

ハイランドふらのの
ラベンダーの森 **H**
フラノ寶亭留 H P.162

花園南駅 **G**

新富良野プリンス **H**
★ ニングルテラス P.152
C 珈琲 森の時計 P.152
★ 風のガーデン P.21

cafeゴリョウ C P.159

富良野周辺
ふらのしゅうへん
周辺図 P.14-15
0　300　600m
1:40,000
N

野花南駅
ハイランドふらの
ラベンダーの森
ハイランドふらの H

あしたや H
P.153 カンパーナ六花亭 S
ペンション星に願いを H

鹿討駅
中富良野町

富良野線
学田駅

北の峰IC

フラノ寶亭留 H
P.162

レジャーガイド遊び屋 ★
P.152

富良野市
総合スポーツ公園

セイコーマート S

P.156 Rincontro R
Furano French 岳 R
P.155

くまげら R
P.157

フラノマルシェ2 S
P.161

富良野駅

北の峰ターミナル
ゴンドラ
富良野プリンス H
P.155 Bistro Le Chemin R

菓子工房フラノデリス S
P.153

エーデルヴェルメ H
北の峰通
朝日ケ丘公園

富良野市役所 ◎

フラノマルシェ1 S
P.161

富良野市

リゾートイン ノースカントリー H

★ 風のガーデン P.21
C 珈琲 森の時計 P.152
★ ニングルテラス P.152

新富良野プリンス H

富良野IC

富良野チーズ工房 S
P.152

布部駅

布部IC

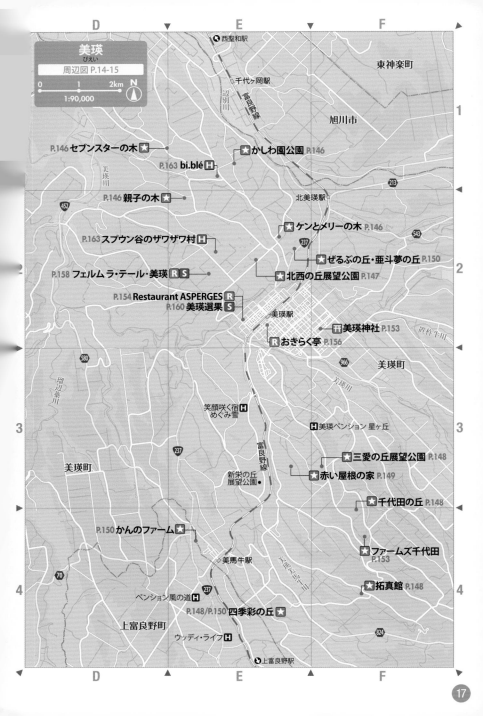

美瑛
びえい

周辺図 P.14-15

0　1　2km
1:90,000
N

D　E　F

○西聖和駅

東神楽町

千代ヶ岡駅

辺別川

富良野線

旭川市

1

213

北美瑛駅

P.146 セブンスターの木 ★

★ かしわ園公園 P.146

P.163 bi.blé H

美瑛川

452

P.146 親子の木 ★

★ ケンとメリーの木 P.146

543

P.163 スプウン谷のザワザワ村 H

237

★ ぜるぶの丘・亜斗夢の丘 P.150

P.158 フェルム ラ・テール・美瑛 R S

★ 北西の丘展望公園 P.147

2

P.154 Restaurant ASPERGES R

美瑛駅

P.160 美瑛選果 S

置杵牛川

★ おきらく亭 P.156

鳥居 美瑛神社 P.153

580

966

美瑛町

美瑛川

瑠辺蘂川

笑顔咲く宿 H
めぐみ雪

H 美瑛ペンション 星ヶ丘

3

237

★ 三愛の丘展望公園 P.148

美瑛町

新栄の丘
展望公園 ●

★ 赤い屋根の家 P.149

★ 千代田の丘 P.148

P.150 かんのファーム ★

★ ファームズ千代田
P.153

富良野線

美馬牛駅

70

★ 拓真館 P.148

4

ペンション風の道 H

237

P.148/P.150 四季彩の丘 ★

上富良野町

524

ウッディ・ライフ H

↑上富良野駅

D　E　F

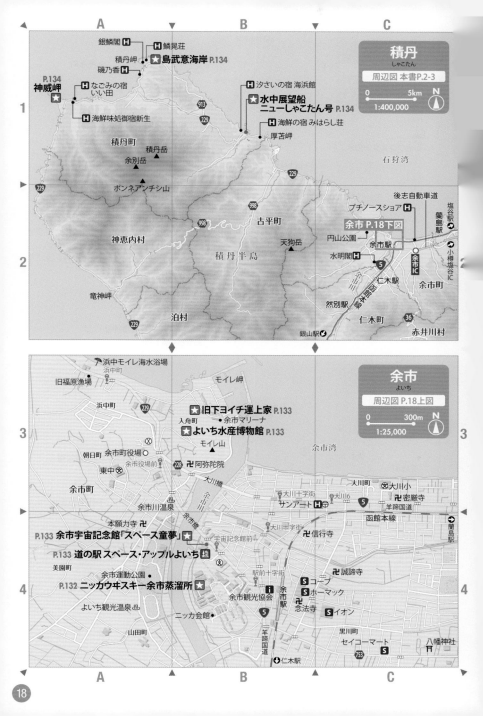

積丹
しゃこたん
周辺図 本書P.2-3
0   5km
1:400,000
N

銀鱗閣 H ┃鱗晃荘
積丹岬 ┃★島武意海岸 P.134
磯乃香 H

P.134
神威岬 ★ H なごみの宿
いい田

H 海鮮味処御宿新生

積丹町   積丹岳 ▲
余別岳 ▲

ポンネアンチシ山 ▲

H 汐さいの宿 海浜館

★水中展望船
ニューしゃこたん号 P.134

海鮮の宿 みはらし荘
厚苫岬

石狩湾

神恵内村

積丹半島

古平町

天狗岳 ▲

後志自動車道
プチノースショア H

余市 P.18下図
円山公園   余市駅
水明閣 H

塩谷駅
蘭島駅

小樽塩谷IC

余市IC

竜神岬

泊村

仁木駅

然別駅

余市町

仁木町

銀山駅

赤井川村

余市
よいち
周辺図 P.18上図
0   300m
1:25,000
N

浜中モイレ海水浴場
浜中町
旧福原漁場

モイレ岬

★旧下ヨイチ運上家 P.133
入舟町 ● 余市マリーナ
★よいち水産博物館 P.133

浜中町

余市湾

朝日町   余市町役場
東中

余市役場前
阿弥陀院

モイレ山 ▲

余市町

大川橋

余市川温泉

大川町
大川小
大川6
密厳寺

サンアート H

函館本線

蘭島駅

本願力寺
P.133 余市宇宙記念館「スペース童夢」★

大川十字街
大川東宇街
信行寺

宇宙記念館前

P.133 道の駅 スペース・アップルよいち

美園町
余市運動公園 ●
P.132 ニッカウヰスキー余市蒸溜所 ★

駅前十字街

誠諦寺

コープ
ホーマック

よいち観光温泉

ニッカ会館 ●

余市観光協会
余市駅

念法寺

イオン

山田町

羊蹄国道
仁木駅

黒川町
セイコーマート

八幡神社

753

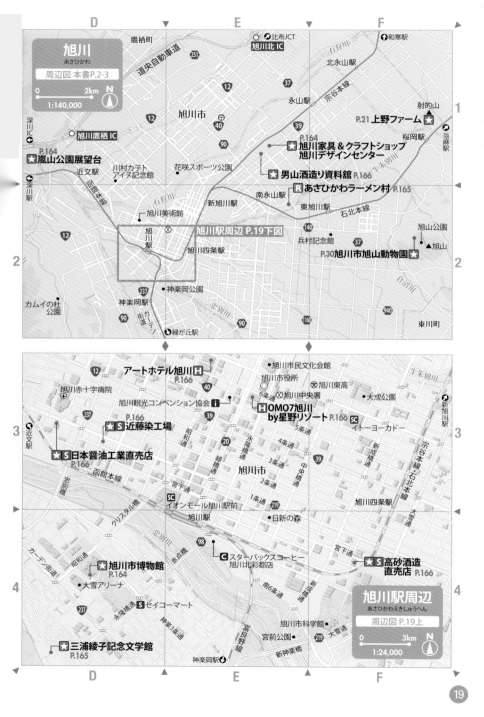

旭川
あさひかわ

周辺図 本書P.2-3

0　　　2km
1:140,000　　N

鷹栖町

○● 比布JCT
旭川北IC

●和寒駅

石狩川

251

道央自動車道

北永山駅

宗谷本線

12

永山駅

旭川市

37

深川IC

射的山

39

旭川鷹栖IC

40

P.21 上野ファーム ★ 1

90

桜岡駅

当麻駅

P.164

旭川家具＆クラフトショップ
旭川デザインセンター ★

P.164
★嵐山公園展望台

川村カ子ト
アイヌ記念館

花咲スポーツ公園

牛朱別川

男山酒造り資料館 P.166 ★

深川駅

函館本線

石狩川

南永山駅

R あさひかわラーメン村 P.165

12

新旭川駅

東旭川駅

石北本線

旭川美術館

旭山公園

140

旭川駅

旭川駅周辺 P.19下図

兵村記念館

37

旭山

2

旭川四条駅

P.30 旭川市旭山動物園 ★ 2

237

神楽岡公園

忠別川

石狩川

940

カムイの杜
公園

神楽岡駅

90

街道ガーデン

90

1160

東川町

緑が丘駅

旭川市民文化会館

12

アートホテル旭川 H

P.166

40

旭川市役所

◎旭川東高

新旭川駅

旭川赤十字病院

6条通

旭川中央署

大成公園

237

旭川観光コンベンション協会 i

39

H OMO7旭川
by星野リゾート P.166

SC

宗谷本線・石北本線

P.166
★ S 近藤染工場

昭和通

20

永隆橋通

5条通

4条通

イトーヨーカドー

3

近文駅

★ S 日本醤油工業直売店

緑橋通

旭川市

新成橋通

3

P.166

3条通

39

函館本線

宮下通

2条通

中央橋通

旭川四条駅

忠別橋

SC

1条通

大雪通

イオンモール旭川駅前

旭川駅

クリスタル橋

日新の森

忠別川

宮下通

ガーデン街道

氷点橋

98

C スターバックスコーヒー
旭川北彩都店

★ S 高砂酒造
直売店 P.166

昭和通

★旭川市博物館
P.164

旭川駅周辺

あさひかわえきしゅうへん

4

大雪アリーナ

南6条通

新成橋通

周辺図 P.19上

4

237

S セイコーマート

永隆橋通

旭川市科学館

0　　　3km
1:24,000　　N

富良野線

宮前公園

219

★三浦綾子記念文学館
P.165

神楽3条通

大雪通

P.165

神楽岡駅

新神楽橋

D　　　E　　　F

19

とりはずして使える

MAP

付録 街歩き地図

札幌・小樽・富良野
旭山動物園

JN027061

TAC出版

TAC PUBLISHING Group.

札幌・小樽 富良野
旭山動物園

北海道
ほっかいどう

0　　10　　20km
1:1,000,000
N

日本海

B

網走

旭川
富良野
小樽
札幌　帯広
登別
釧路

函館

A

C

留萌　羽幌
小平
留萌大和田
深川留萌自動車道
留萌　増毛町
北竜

カムイエト岬

浜益岬
暑寒別岳
浜益岳
南暑寒別岳
雨竜町

雄冬岬
黄金山
新十津川町

石狩川
石狩市
円錐峰
ピンネシリ
浦臼
当別町　隈根尻山

月形町

北海道医療大学駅
ロイズタウン駅
あいの里公園駅

神威岬
マッカ岬
石狩湾

P.97 ロイズ あいの里公園店 Ⓢ

積丹岬
積丹川
積丹 付録P.18上図

積丹町
積丹岳
沼前岬
ジュウボウ岬
余別岳
積丹半島
トーマル峠
神恵内村
竜神岬

厚苫山
滝ノ澗岬
シリパ岬
竜ヶ崎峠
塩谷駅

丸山岳
蘭島駅
余市駅
出足平岬
天狗山
仁木駅
後志自動車道
余市
然別駅
仁木町
大黒山

小樽塩谷
小樽市
小樽駅
南小樽駅
小樽港
朝里駅

小樽広域 付録P.12
石狩湾　石狩湾新港

銭函駅
手稲駅
稲積公園
発寒中央
琴似
桑園

小樽JCT
春香山
朝里峠

石狩市
あいの里公園駅
篠路駅
拓北駅
北海道大
新琴似

札幌北
丘珠空港

江別市
高砂駅
江別駅
野幌駅
大麻駅
豊幌駅

岩見沢駅
上幌向駅
志文駅
栗沢駅
栗丘駅
栗山駅
由仁

函館本線

北村
石狩川

北広島市
北長沼駅

島松駅
恵み野駅
恵庭駅
恵庭市

松駅
古山
三川
追分駅
サッポロビール庭園

千歳東
千歳
千歳恵庭JCT
新千歳空港駅
南千歳駅
植苗駅
石勝線

P.16 HOKKAIDO BALL PARK F VILLAGE ★
P.16 ES CON FIELD HOKKAIDO ★
P.16 KUBOTA AGRI FRONT ★
P.16 TOWER11 Ⓗ

北広島
輪厚スマート

札幌広域 付録P.2-3

余市岳
天狗山
百松沢山
札幌駅
札幌市
札幌南

A

銀山駅
共和町
小沢駅
赤井川村

弁慶岬
雷電岬
岩内港
岩内湾
岩内町
雷電山
目国内岳
蘭越町

岩内峠
倶知安峠
倶知安駅
倶知安町
比羅夫駅
羊蹄山
(蝦夷富士)
ニセコ駅
ニセコ町
昆布岳

寿都町
寿都湾
目名駅
昆布駅

京極町
真狩村
真狩川
喜茂別町
中山峠

尻別岳
留寿都村

漁岳
紋別岳
恵庭岳

支笏湖
オコタンペ湖

P.100 新千歳空港 ✈

苫小牧
樽前山
苫小牧東
苫小牧中央
青葉駅
道央自動車道
糸井駅
沼ノ端
勇払

2

母衣月山
大平山
島牧村
カニカン岳

黒松内町
黒松内駅
黒松内南
黒松内JCT
静狩駅
礼文華峠
礼文華駅

豊浦町
豊浦
洞爺湖町
中島
壮瞥町

昆布岳
真狩川
貫気別山

洞爺湖
羊蹄山

ホロホロ山
オロフレ山

P.104 ポロト自然休養林 ★

白老町
白老
白老駅
社台駅
室蘭本線

長万部岳
二股駅
中ノ沢駅
国縫駅
国縫

長万部町
長万部
長万部駅

豊浦駅
洞爺駅
有珠駅
伊達市
伊達紋別駅
北舟岡駅
稀府駅
黄金駅
崎守駅
本輪西駅

アルトリ岬
長和駅
有珠山

オロフレ山
倶多楽湖

萩野駅
北吉原駅
竹浦駅
虎杖浜駅
登別温泉
登別東
登別市
登別

今金町
ピリカ湖
中ノ沢駅
美利河峠
黒岩駅

国縫
函館本線
山崎駅

★ **ウポポイ(民族共生象徴空間)**
P.26

室蘭市
東室蘭駅
鷲別駅
室蘭本線
輪西駅
室蘭駅

★ **ナチュの森** P.104

2

新函館北斗駅
函館本線

道央自動車道

内浦湾
(噴火湾)

登別市
幌別駅
鷲別駅

室蘭港
崎守港
母恋駅

A　　　　**B**　　　　**C**

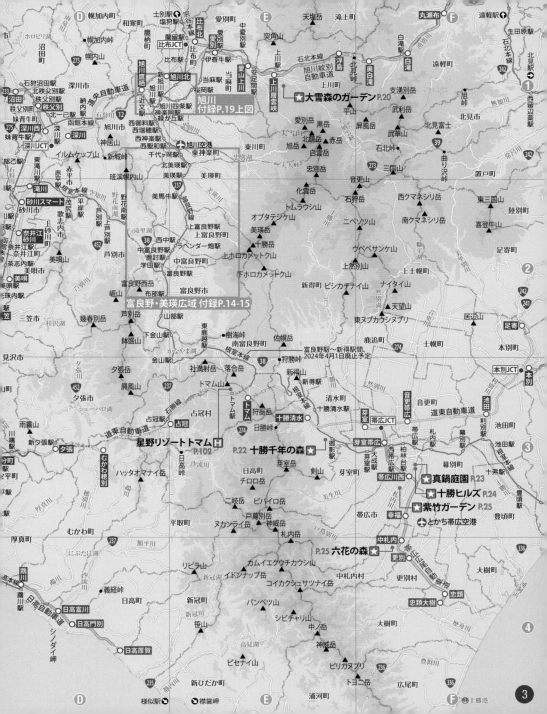

★大雪森のガーデン P.20

旭川
付録P.19上図

富良野・美瑛広域 付録P.14-15

星野リゾート トマム H
P.102

P.22 十勝千年の森 ★

★真鍋庭園 P.23

★十勝ヒルズ P.24

★紫竹ガーデン P.25

とかち帯広空港

P.25 六花の森 ★

富良野駅〜新得駅間、
2024年4月1日廃止予定

あなただけの
プレミアムな
おとな旅へ！
ようこそ！

立ち枯れた
カラマツが幻想
的な雰囲気を
醸し出す

白金 青い池 ➡ P.140

SAPPORO OTARU FURANO
ASAHIYAMA ZOO

札幌・小樽・富良野・旭山動物園への旅 ❖

光る風のなか北国をゆく
街と自然、歴史。歓喜の旅

先住の民アイヌの文化の殿堂
ウポポイは、新千歳空港から
近いので札幌より先でもよい。
旭山動物園から始める場合は
そのまま富良野を経由して、
十勝までガーデン街道をドラ
イブ。北海道の広大さと美し
い草花を堪能する旅となる。
思うだけでワクワクしてくる。
むろん札幌や小樽で、食を中
心とした街文化も楽しみたい。
保証できる、この旅は間違い
なく、豊潤でサプライズに満
ちたものとなる。

4

SIGHTSEEING

広大なラベンダー畑が広がる、北海道を代表する花畑

ファーム富田 ➡ P.142

GOURMET

地産地消にこだわるダイニングで洗練された料理を満喫

Restaurant ASPERGES ➡ P.154

自然と一体になって
広大な丘で遊びたい

のどかな丘陵と戯れる
富良野・美瑛の贅沢な時間

鐘の音が響く札幌で
街歩きとグルメの虜に

GOURMET

鮮度抜群の
海鮮は、札幌で
必ず楽しみ
たい味

海味 はちきょう → P.49

GOURMET

食の都、札幌
にはハイレベル
なフレンチ、イタリ
アンも

L'enfant qui reve
→ P.54

動物園のイメージを変えた
旭山動物園で生命の力にふれる

SIGHTSEENG

白老を訪ね、
アイヌ文化に
ふれてみるの
もよい

ウポポイ (民族共生象徴空間)
→ P.26

豊かな旅情に包まれた
小樽の街に溶け込む

SIGHTSEENG

街の歴史が
色濃く残る、レト
ロ建築がアート
スポットに

小樽芸術村 → P.114

GOURMET

港町の
寿司は小樽グル
メの最大の
楽しみ

おたる 政寿司 本店 → P.121

7

おとな旅プレミアム PREMIUM

札幌・小樽・富良野 旭山動物園

CONTENTS

札幌

小樽

富良野・美瑛

エリアと観光のポイント
札幌・小樽・富良野はこんな街です

個性豊かな街が点在する北海道。ダイナミックな自然と
本州とは異なる独自の歴史が共存する大地を旅したい。

北海道の中心都市
札幌 ➡ P.37
さっぽろ

人口190万、北海道最大の都市。開拓
時代の面影を残す歴史ある建造物や、
緑豊かなスポットが点在する。寿司
などの魚介を使った料理のほか、ジ
ンギスカンなどご当地グルメも充実。

観光の ポイント 大通公園、札幌市時計台、
北海道大学、札幌市円山動物園

札幌周辺

お楽しみ豊富な巨大ハブ空港
新千歳空港
しんちとせくうこう

北海道観光の拠点となる空港には、
ショップやレストラン、映画館や温泉
など、多彩な施設が集まっている。

広大なリゾートで雲海を望む
トマム

北海道のほぼ中央に位置し、一年を
通じて楽しめる複合リゾート。雲海
の絶景を眺める施設も充実している。

ウポポイの開園で注目を集める
白老
しらおい

かつてアイヌの集落があり、アイヌ
文化の歴史が残る街。ウポポイ(民
族共生象徴空間)の開業で話題に。

アイヌ文化の情報発信拠点
ウポポイ
(民族共生象徴空間) ➡ P.26
ウポポイ(みんぞくきょうせいしょうちょうくうかん)

北海道初の国立博物館と、体験プロ
グラムが行われる国立民族共生公園
からなる、アイヌ文化の新たな拠点。

石狩湾

古き商都の栄華が点在
小樽 ➡ P.105
おたる

大正、昭和に商都として栄えた港町。
小樽運河周辺にはレトロな倉庫が並
び、運河クルーズやみやげ物店が連
なる堺町通りの散策が楽しめる。

観光の ポイント 小樽運河、堺町通り、
小樽芸術村、三角市場

驚きに満ちた動物園の行動
旭川市旭山動物園 ➡P.30
あさひかわしあさひやまどうぶつえん

動物たちの見せ方にとことんこだわる動物園。動物たちの食事風景が観察できる、もぐもぐタイムは必見。

富良野・美瑛周辺

文化が薫る北海道第2の都市
旭川
あさひかわ

旭山動物園を擁する。富良野・美瑛観光の拠点としても便利な交通の要所。

花々の香り漂う虹色の大地
富良野・美瑛 ➡P.135
ふらの・びえい

北海道らしい雄大な景色が広がり、夏は美しい花々が楽しめるエリア。パッチワークのように染まる丘をドライブで巡ってみるのも楽しい。

観光のポイント ファーム富田、白金 青い池、パッチワークの路

小樽周辺

ジャパニーズ・ウイスキーの聖地
余市
よいち

日本のウイスキーの父として知られる竹鶴政孝が築いた、ニッカウヰスキー余市蒸溜所があるウイスキーと海産物、果物で名高い街。

全長約250kmの街道
北海道ガーデン街道 ➡P.18
ほっかいどうガーデンかいどう

旭川、富良野、十勝にある、土地の風土に根ざした北海道ガーデンを結ぶ全長約250kmの街道。4月下旬から10月中旬にかけて、それぞれに特徴ある8つのガーデンが見頃を迎える。

旅のきほん
2

季節のイベントと食材
トラベルカレンダー

四季の変化が大きく、季節ごとの楽しみが豊富な札幌・小樽・富良野。
気候、イベント、旬の食材を確認してから、旅の季節を選びたい。

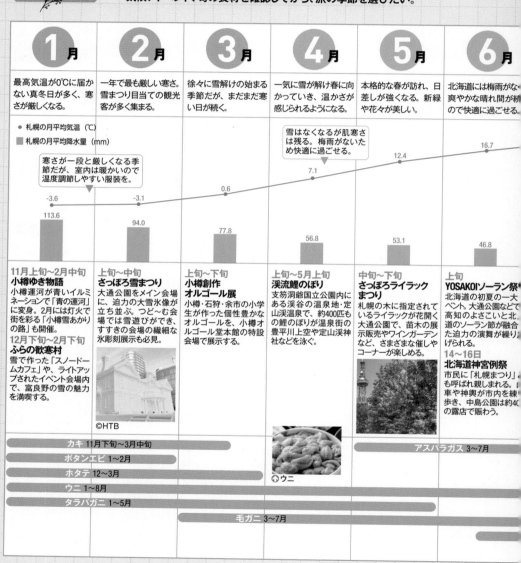

	1月	**2月**	**3月**	**4月**	**5月**	**6月**
	最高気温が0℃に届かない真冬日が多く、寒さが厳しくなる。	一年で最も厳しい寒さ。雪まつり目当ての観光客が多く集まる。	徐々に雪解けの始まる季節だが、まだまだ寒い日が続く。	一気に雪が解け春に向かっていき、温かさが感じられるようになる。	本格的な春が訪れ、日差しが強くなる。新緑や花々が美しい。	北海道には梅雨がなく、爽やかな晴れ間が続くので快適に過ごせる。

● 札幌の月平均気温（℃）
■ 札幌の月平均降水量（mm）

> 寒さが一段と厳しくなる季節だが、室内は暖かいので温度調節しやすい服装を。

> 雪はなくなるが肌寒さは残る。梅雨がないため快適に過ごせる。

気温: -3.6 / -3.1 / 0.6 / 7.1 / 12.4 / 16.7
降水量: 113.6 / 94.0 / 77.8 / 56.8 / 53.1 / 46.8

11月上旬〜2月中旬
小樽ゆき物語
小樽運河が青いイルミネーションで「青の運河」に変身。2月には灯火で街を彩る「小樽雪あかりの路」も開催。

12月下旬〜2月下旬
ふらの歓寒村
雪で作った「スノードームカフェ」や、ライトアップされたイベント会場内で、富良野の雪の魅力を満喫する。

上旬〜中旬
さっぽろ雪まつり
大通公園をメイン会場に、迫力の大雪氷像が立ち並ぶ。つどーむ会場では雪遊びができ、すすきのの会場の繊細な氷彫刻展示も必見。

©HTB

上旬〜下旬
小樽創作オルゴール展
小樽・石狩・余市の小学生が作った個性豊かなオルゴールを、小樽オルゴール堂本館の特設会場で展示する。

上旬〜5月上旬
渓流鯉のぼり
支笏洞爺国立公園内にある渓谷の温泉地・定山渓温泉で、約400匹もの鯉のぼりが温泉街の豊平川上空や定山渓神社などを泳ぐ。

↑ウニ

中旬〜下旬
さっぽろライラックまつり
札幌の木に指定されているライラックが花開く大通公園で、苗木の展示販売やワインガーデンなど、さまざまな催しやコーナーが楽しめる。

上旬
YOSAKOIソーラン祭
北海道の初夏の一大イベント。大通公園などで高知のよさこいと北海道のソーラン節が融合した迫力の演舞が繰り広げられる。

14〜16日
北海道神宮例祭
市民に「札幌まつり」も呼ばれ親しまれる。山車や神輿が市内を練り歩き、中島公園は約40の露店で賑わう。

カキ 11月下旬〜3月中旬					
ボタンエビ 1〜2月					
ホタテ 12〜3月					
ウニ 1〜8月					
タラバガニ 1〜5月					
		毛ガニ 3〜7月			
				アスパラガス 3〜7月	

⬆札幌テレビ塔

⬆さっぽろ羊ヶ丘展望台

⬆ファーム富田

⬆小樽運河

7月	**8**月	**9**月	**10**月	**11**月	**12**月
しが強くなり、夏来。有名な富良野ベンダーも見頃。	最高気温が30℃を超す真夏日もあるが、湿度は低く過ごしやすい。	雨が多い時季で、気温が下がり肌寒く感じることも多くなる。	北海道の秋は駆け足で訪れる。気温が一気に下がり、紅葉が見頃。	雪の日が多くなる。寒さがいっそう増し、下旬には真冬並みの日も。	平均気温氷点下の冬が到来。根雪が積もり、積雪は日ごと増える。

20.5　22.3

朝晩は気温が下がるため、薄手のアウターは持っておきたい。

18.1

11.8

紅葉シーズンが始まり初雪も到来。靴は雪道でも歩きやすいものを。

4.9

-0.9

81.0　123.8　135.2　108.7　104.1　111.7

・29日
海へそ祭り

絵を描き街中を踊く「図腹踊り」がユークな、北海道を代る夏祭り。

7月下旬～8月中旬
さっぽろ夏まつり
日本最大級のビアガーデンで暑気払い。1カ月間にさまざまな催しがあり、8月中旬には「北海盆踊り」を開催。

上旬～下旬
さっぽろオータムフェスト
「北海道・札幌の食」をテーマに、道内各地の旬の食材やご当地グルメ、特産品が大通公園に大集合する。

上旬
札幌マラソン
秋に開催される昭和51年(1976)から続くスポーツイベント。誰でもエントリー可能で、申込受付日から先着で決まる。詳細は公式HPを要確認。

上旬
札幌国際短編映画祭
世界各国から数分から30分ほどの短編映画がエントリー。受賞作品やノミネート作品が市内映画館で上映される。

11月下旬～12月25日
ミュンヘン・クリスマス市 in Sapporo
姉妹都市ミュンヘンのクリスマス市を札幌でも開催。ドイツ色豊かな屋台が出店する。

11月下旬～3月中旬
さっぽろホワイトイルミネーション
雪景色と光が幻想的な世界を演出する。大通公園(～12月25日)、駅前通(～2月中旬)、南1条通(～3月中旬)ほか2会場で実施。

ジャガイモ 7～8月

⬆花咲ガニ

⬆カキ

カキ 11月下旬～3月中旬

札幌大玉キャベツ 10月下旬～11月中旬

ホタテ 12～3月

メロン 6月中旬～8月

サケ 9～10月

花咲ガニ 8～10月

⬆ホタテ

※開催日程は変動することがありますので、事前にHPなどでご確認ください。

ニュース＆トピックス

北海道日本ハムファイターズの新たな拠点となる新球場や都市型水族館などの大型施設をはじめ、札幌中心部の観光に便利な街なかホテルなど、進化する北海道のホットスポットに注目!!

2023年3月オープン

敷地面積はなんと約32ha!球場には、ホテルや温泉も併設する

新感覚の 野球観戦 を楽しもう!

札幌から電車で約20分の北広島にオープンした複合スポット。敷地内には、北海道日本ハムファイターズの新球場をはじめ、ボーネルンドが手がける屋内外のあそび場、グランピング施設、ベーカリー＆レストランなどが。野球観戦だけでなく、一日中楽しめる新たな地域のハブスポットだ。

北広島 **HOKKAIDO BALL PARK F VILLAGE**
ホッカイドウ ボール パーク エフ ヴィレッジ

北広島 MAP 本書 P.2 C-3
所北海道北広島市Fビレッジ-1 交JR北広島駅からFビレッジ行きシャトルバスで約5分

ES CON FIELD HOKKAIDO
エス コン フィールド ホッカイドウ

フィールドレベルの客席やラウンジからの観戦はもちろん、球場を一望できる世界初のクラフトビール醸造レストランや温泉など、多彩な観戦スタイルが用意された球場。

ガラス張りの外壁が特徴的なデザイン。約3万5000人を収容する

試合日は客室のベランダやソファ、屋上のルーフトップなどから観戦できる

TOWER 11
タワーイレブン

ES CON FIELD HOKKAIDOのレフトスタンドにある5階建ての球場内ホテル。宿泊しながら野球観戦が楽しめるアジア初のホテルだ。

北広島
MAP 本書 P.2 C-3
☎050-3171-7525
泊IN13時／OUT9時
料試合日、非試合日によって変動

最先端の乗馬シミュレーターを使用した乗馬倶楽部銀座HOKKAIDOもある

天然温泉やサウナに入りながら野球観戦を楽しめる新体験も!

ボールパークにある 農業学習施設 がおもしろい!

北広島 **KUBOTA AGRI FRONT**
クボタ アグリ フロント

"食と農業"の魅力や可能性を楽しく、おいしく学べる体験型施設。ツアーでは最先端作物栽培施設の見学などができる。カフェも併設。

北広島 MAP 本書 P.2 C-3
☎なし 所北広島市Fビレッジ8 営10:00～18:00(カフェは～17時 ※16:30LO) 休月曜(1・2月は火曜) JR北広島駅から徒歩19分 PF VILLAGEの駐車場を利用

ダイナミックな映像空間で食と農業について学べるシアターも

写真:クボタ提供

没入感を味わえる 都市型水族館 がオープン!

大通公園の近くに誕生した都市型水族館。250種4000点もの生物を展示する話題スポットへ行こう。

AOAO SAPPORO
アオアオ サッポロ

2023年7月オープン

3つのゾーンで構成される館内。ペンギンなどの生物展示のほか、バックヤードの公開や、広大な海の世界を再現したデジタルアートなど、さまざまな体験ができる。

大通公園周辺 MAP 付録 P.10 C-2
☎011-212-1316 所札幌市中央区南2条西3-20 moyuk SAPPORO 4〜6階 営10:00〜22:00 休無休 交地下鉄各線大通駅から徒歩3分 Pなし

海の中にいるような没入感を味わえるデジタルアートも楽しめる

駅直結の セレクトショップ でおみやげをGET!

北海道を旅するように、お取り寄せを楽しむように、北海道のおいしいモノが集結するセレクトショップが誕生!

2022年11月オープン
札幌 **北海道四季マルシェ**
ほっかいどうしきマルシェ

北海道のおいしさがギュッと詰まった食のセレクトショップ。おみやげに喜ばれる商品も多く取り揃える。

缶詰や調味料、ご飯のお供など食卓を彩る味みやげも

札幌駅
MAP 付録 P.8 B-2
☎011-209-5337 所札幌市中央区北5条西2 札幌ステラプレイスセンター1階 営8:00〜21:30 休無休 交JR札幌駅構内 Pなし

北海道銘菓をはじめ、店内で作るできたてスイーツまでズラリ

アクセス抜群 街なかホテル が続々登場!

札幌市内中心部に注目の最新ホテルが次々と誕生している。観光の拠点としてはもちろん、ホテルを目的に訪れたくなるほど多くの魅力が詰まったホテルを3つご紹介。温浴施設を完備した旅の疲れを癒やせるホテルばかり!

SAPPORO STREAM HOTEL
サッポロ ストリーム ホテル

繁華街すすきのの中心に誕生したライフスタイルホテル。レストランやサウナ付き温浴施設、ルーフトップテラスなど充実の施設が揃う。

すすきの MAP 付録 P.11 D-3
☎011-206-1099 所札幌市中央区南4条西4丁目1番地1 営IN15時／OUT11時 休無休 交地下鉄南北線すすきの駅直結 Pあり

2024年1月グランドオープン

北海道の自然や文化、歴史などを感じるスタイリッシュな客室

札幌 **ホテルエミオン札幌**
ホテル エミオンさっぽろ

木のぬくもりを感じるモダンなデザインのホテル。ライブラリーやレストラン、大浴場にバーまで完備され、さまざまなスタイルで宿泊が楽しめる。

札幌駅周辺 MAP 付録 P.6 C-1
☎011-374-6627 所札幌市北区北8条西1-4 営IN15時／OUT11時 休無休 交地下鉄東豊線さっぽろ駅地下通路にて直結 Pコインパーキング隣接

2023年12月オープン

ダブルからツイン、フォースまで多様なニーズに合わせた全295室

札幌 **ヴィアンプライム札幌大通**
ヴィアンプライムさっぽろおおどおり

観光の拠点としても便利な場所にある北海道の大自然とモダンが調和したホテル。大浴場やサータ社製のベッドで旅の疲れを癒やすことができる。

大通公園周辺 MAP 付録 P.10 C-2
☎011-513-5489 所札幌市中央区南3条西2-10-1 営IN15時／OUT10時 休無休 交地下鉄東豊線豊水すすきのの駅から徒歩1分 Pなし

2023年9月オープン

客室は木のぬくもりあふれる居心地のよい空間。10タイプから選べる

花と緑に美しく彩られた
北の庭園をたどる

北海道らしい
雄大なスケール
を体感!!

旭川 ➡ 富良野 ➡ 十勝

北海道ガーデン街道
ほっかいどうガーデンかいどう

旭川から十勝を結ぶ250kmの北海道ガーデン街道には、
北国ならではの草花を生かした個性的なガーデンが揃う。
春から秋にかけて、広大な大地を賑やかに染める
花と緑の楽園をドライブで巡ってみたい。

特集●北海道ガーデン街道

趣向を凝らした花と緑の楽園で
北国の自然とふれあう

　田園風景がどこまでも広がる富良野、美瑛、旭山動物園で有名な旭川、温泉地として名高い上川町、広大な平野で農業や酪農が営まれる十勝に点在する、北海道ならではの美しいガーデン。広い敷地や周囲の景観を生かしながら、北国ならではの草花をあしらったガーデンは、4月下旬から10月中旬に見頃を迎える。世界で活躍する庭園ガーデナーや人気の女性デザイナーなどが手がけたガーデン、銘菓の包装紙に描かれた花々が咲くガーデンと、それぞれに個性あふれる花と緑の楽園をたどって、日本の新たな庭園文化にふれてみたい。

絵本に出てきそうな風景が広がる上野ファーム「ノームの庭」。ガーデンデザイナーの上野砂由紀さんは、上野ファームを拠点に、大雪 森のガーデンや風のガーデンも手がけている

見学information

ガーデン街道の楽しみ方

各ガーデンの見学時間は、1～2時間ほどを想定しておきたい。カフェなどの飲食店も併設されているので、見学後に食事を楽しむこともできる。

エリア別のお得なチケットをチェック

十勝エリアの5つのガーデンのうち3カ所を巡れる共通券「とかち花めぐり共通券」2000円や上川エリアの3つのガーデンを巡れる共通券「3つの庭旅チケット」2300円がある。チケットは各ガーデンで販売。

プランニングのポイント

移動距離が長いため、エリアをまたいで複数のガーデンを巡る場合は、1泊2日以上は必要。すべてのガーデンを巡るなら、2泊3日は想定しておきたい。

ガーデン間の移動時間

8km 車で10分		**1** 大雪 森のガーデン
		↓ 41km 車で45分
上川層雲峡IC		**2** 上野ファーム
↑ 211km 車で2時間25分		↓ 67km 車で1時間40分
新千歳空港IC		**3** 風のガーデン
↑ 90km 車で1時間		↓ 90km 車で2時間
占冠IC		**4** 十勝千年の森
↑ 104km 車で1時間30分		↓ 36km 車で1時間
中札内IC		**5** 真鍋庭園
↑ 5km 車で7分		↓ 6.3km 車で10分
		6 十勝ヒルズ
		↓ 23km 車で35分
		7 紫竹ガーデン
		↓ 13km 車で16分
		8 六花の森

見学インフォメーション

19

GARDEN ①

大雪山系の麓を染める鮮やかな花々

大雪 森のガーデン

だいせつ もりのガーデン

美しい山並みを望む大雪高原旭ヶ丘の自然に溶け込む色彩豊かなガーデン。家族で楽しみながらくつろげる遊びの森や、レストラン、ヴィラも備える。

大雪山国立公園北部に位置し、カラフルな花々が咲く「森の花園」、土地の起伏を生かした「森の迎賓館」、木に止まる鳥の目線で休憩できるテラスなどを備える「遊びの森」の3エリアからなる広大なガーデン。北海道を代表する料理人・三國清三氏がオーナーシェフを務めるガーデンレストランとヴィラも併設。

上川 MAP 本書P.3 E-1
☎01658-2-4655 所上川町菊水841-8 開9:00〜17:00(最終入園16:00) 休期間中無休 料1000円 交JR上川駅から車で15分 Pあり

開園期間	4月下旬〜10月上旬
総面積	5.5ha
見学時間	1時間

森の花園 もりのはなぞの
5つのゾーンで構成され、大雪山系の植物から個性的な植物まで、約900種の草花が季節ごとに異なる表情を見せる。

森の迎賓館 もりのげいひんかん
自生する樹木や草花を生かしたエリア。5つのゾーンがあり、草花の変化を楽しみながら散策できる。ピザ窯を備えた「森のダイニングキッチン」や「森のBar」もある。

グルメにも注目！

フラテッロ・ディ・ミクニ

道産食材の伊仏料理

フレンチの三國清三氏とイタリアンの堀川秀樹氏、2人の名シェフが手がけるガーデン内のレストラン。道産食材を使った料理は絶品。

☎01658-2-3921 営ランチ11:30〜14:00 ディナー18:00〜20:00(要予約) 休火曜

◎窓には大雪山系の絶景が広がる

◎コースはランチが3850円〜、ディナーが8250円〜

遊びの森 あそびのもり
さまざまな催しが開かれる交流体験棟をはじめ、巨大なリング型のベンチ、森の木琴など、子どもと楽しめる施設が充実したエリア。

GARDEN ②

北海道ガーデンを牽引
上野ファーム

うえのファーム

ミラーボーダー
左右対象に宿根草を植え込んだ帯状の花壇。四季折々に花々が咲き変わる。

北国の風土にあわせた植物たちが咲く北海道ガーデンを散策したい。

農村風景を楽しんでもらおうと始まった庭造りが、今や北海道を代表するガーデンにまで発展。英国のデザインをベースに、風土を生かした花や草木がアレンジされている。

旭川 **MAP** 付録P.19 F-1

☎0166-47-8741 所旭川市永山町16-186
開10:00〜17:00 休期間中無休 料1000円 交JR旭川駅から道北バス666番で終点上野ファーム下車、徒歩1分（夏期のみ運行） Pあり

開園期間	4月中旬〜10月中旬	
総面積	1.3ha	見学時間 1時間30分

グルメにも注目！

NAYA café ナヤ カフェ

古い納屋を改装したカフェ

サンドイッチ、サラダ、カレーなど道産の食材を使った軽食メニューが揃い、すべてガーデンでのテイクアウトも可能。地元酪農家の牛乳を使ったソフトクリームも人気。

⤷新感覚の揚げ芋、ポテッコ 350円

ノームの庭 ノームのにわ
庭造りを手伝う妖精ノームにちなんだ庭。野草と花々の組み合わせが美しい。

射的山 しゃてきやま
虹色のベンチが設置された頂上まで登ると、上川盆地を囲む山々の眺望が開ける。

GARDEN ③

花々が待つ物語の舞台
風のガーデン

かぜのガーデン

ドラマの撮影のために造られた美しい庭で、数々のシーンが蘇る。

倉本聰氏の脚本によるドラマ『風のガーデン』の撮影地。新富良野プリンスホテルから、送迎車を利用して訪れることができる。

富良野 **MAP** 付録P.15 F-4

☎0167-22-1111（新富良野プリンスホテル）
所富良野市中御料 開8:00〜17:00（最終受付16:30、季節により変動あり） 休期間中無休 料1000円
交JR富良野駅から車で10分 Pあり

開園期間	4月下旬〜10月上旬
総面積	0.57ha
見学時間	1時間

グリーンハウス
ドラマのセットが再現された建物内を見学することができる。

薔薇の庭 ばらのにわ
バラと宿根草の組み合わせが美しい、自然に近いローズガーデン。

大雪 森のガーデン／上野ファーム／風のガーデン

21

GARDEN ④
北海道にふさわしい壮大なスケール
十勝千年の森
とかちせんねんのもり

波打つ芝がダイナミックな景観をつくる雄大な庭で、多彩な草花にふれ、自然と一体になる。

日高山脈の麓に400haという広大な敷地を持つガーデン。コンセプトの異なる5つのエリアがあり、ダン・ピアソンスタジオの設計によるアース・ガーデンとメドウ・ガーデンはイギリス・ガーデンデザイナーズ協会賞の大賞と国際賞を受賞した。セグウェイツアーや乗馬体験、チーズ作り体験などの催しも充実している。

清水 MAP 本書P.3 E-3
☎0156-63-3000 ㊸清水町羽帯南10線 ㊈9:30〜17:00(季節により変動あり) ㊡期間中無休 ㊫1200円 ㊚JR帯広駅から車で45分 Ｐあり

開園期間	4月下旬〜10月中旬
総面積	400ha
見学時間	2時間

アートライン
オノ・ヨーコ氏ら、世界を舞台に活躍する7人の現代アート作家の作品を展示。作品をきっかけに、多層的な庭の魅力にふれられる。

➡ 十勝の自然と現代のアートが共生する空間

➡ アイヌの伝承にある鹿合戦の物語をモチーフにしたアート作品

ゴート・ファーム
ヤギや羊がゆったりと草を食む牧歌的な風景が広がるエリア。売店ではヤギのチーズも販売している。

➡ エサやり体験でヤギとふれあうことも可能

メドウ・ガーデン〜野の花の庭〜
メドウ・ガーデン〜ののはなのにわ〜
十勝の自生種と園芸種を中心としたデザインが、周囲の風景と調和する。

アース・ガーデン〜大地の庭〜
アース・ガーデン〜だいちのにわ〜
小高い丘は、日高山脈に感化されたデザイナーにより、草原だった土地に造られたもの。山脈に続くような設計が特徴。

セグウェイ・ガイドツアー
広大な草原で浮遊感を楽しみながら、ガーデンの魅力を肌で感じられるガイドツアー。初心者でもレクチャーを受けるとすぐに操縦できる。
☎0156-63-3311 営9:45〜12:00、10:15〜12:30、13:15〜15:30、13:45〜16:00 休期間中無休 料9800円 ※対象は16〜69歳、前日17時までに要予約

グルメにも注目！

ガーデン・カフェ

庭を眺めてひと休み

メドウ・ガーデンとキッチン・ガーデンを望む、馬小屋を改装したカフェ。ソフトクリームやドリンク、野菜やハーブを使ったメニューなどを提供。庭造りや植物に関する展示コーナーも。

↑テラス席で雄大な庭を見ながらひと休みしたい

営11:00〜15:00(季節により変動あり) 休不定休(HPで要確認)

GARDEN 5

50年以上の歴史を誇る針葉樹の庭

真鍋庭園

まなべていえん

3つのテーマガーデンで構成され、北海道ガーデンのなかで、唯一樹木を中心とした景観が楽しめる。

大きな針葉樹が立ち並ぶ庭は、十勝を開拓し、樹木の育成や販売を行う真鍋家が手がける。ヨーロッパ庭園、日本庭園、風景式庭園などの回遊式庭園があり、2つの散策コースを用意。

開園期間 **4月下旬〜11月下旬**
総面積 **8ha**
見学時間 **1時間**

帯広 MAP 本書P.3 F-3
☎0155-48-2120 所帯広市稲田町東2線6 開8:30〜17:30(10・11月は時短あり) 休期間中無休 料1000円 交JR帯広駅から車で15分 Pあり

ヨーロッパ庭園
ヨーロッパていえん
美しい針葉樹のグラデーションのなかに、チロルハウスをモチーフとした赤い屋根の建物が建つ。おとぎ話のような風景が広がるかわいらしい空間。

風景式庭園
ふうけいしきていえん
ニジマスの池や、落差8mのオリビンの滝などが点在。

日本庭園
にほんていえん
鯉が泳ぐ池があり、エサも販売されている。

美しいガーデンでくつろぎ体験
十勝ヒルズ
とかちヒルズ

花、食、農をテーマにした園内には、7つの
ガーデンと、ゆっくりと過ごせるカフェも
備え、十勝の自然に五感でふれられる。

スカイミラー
小高い丘にあり、十勝の街並みを一望できる撮影スポット。日中は眺めがよく、夕方の日没時も美しい眺望が楽しめる。

十勝平野を一望する丘に位置し、約1000種の草花や樹木が季節ごとに楽しめる。エディブルフラワーや野菜、ハーブを育てる食をテーマにしたゾーンもあり、園内のカフェでは自社で飼育から製造、販売までしている食べられる国宝「十勝ロイヤルマンガリッツァ豚」も味わえる。

幕別 **MAP** 本書P.3 F-3
☎ 0155-56-1111 ㊟幕別市日新131-5 ㊟9:00〜17:00 ㊡期間中無休(施設により冬期営業あり) ㊐1000円 ㊋JR帯広駅から車で20分 ㋟あり

開園期間	4月下旬〜10月下旬
総面積	4ha
見学時間	2時間

フラワーアイランズ
春はチューリップ、秋にはダリアと季節の花々を楽しめる。フォトスポットとしても人気。

ローズガーデン
6月中旬から9月にかけて、イングリッシュローズが咲き誇り、フルーツやお茶など、香りが楽しめる品種も栽培している。

アルフレスコ
ピクニックセットや子どもの遊びグッズを無料で貸し出し。芝生の上でゆっくり楽しめる。

グルメにも注目！

ヒルズショップ＆カフェ

食材の魅力を引き出す

園内の農作物や、十勝の物産などが揃い、自社ブランド商品も充実。園内で楽しめるピクニックボックスやドリンクなども充実。
㊇9:00〜17:00(10〜4月は不定期営業)
㊡期間中無休

➡十勝産あずきを使ったオリジナルのあずきソフト 350円

※写真はイメージ

GARDEN ⑦
婦人の想いを映す色彩の庭
紫竹ガーデン
しちくガーデン

紫竹昭葉さんが20年以上愛情を込めて造りあげた、花々の楽園へ。

紫竹昭葉さんが庭造りを始めたのは63歳から。今では北海道ガーデンのなかでも多くの花が見られる庭といわれ、22のゾーンで構成された園内には、約2500種の花々が咲く。

帯広 **MAP** 本書P.3 F-3

☎0155-60-2377 **所**帯広市美栄町西4線107番 **時**8:00〜17:00 **休**期間中無休（4月上旬にメンテナンス休あり） **料**1000円 **交**JR帯広駅から車で30分 **P**あり

開園期間 4月下旬〜11月上旬
総面積 6ha
見学時間 1時間

リボン花壇 リボンかだん
紫竹ガーデンのなかでも色鮮やかな一角。ガゼボの周囲に左右対称な花壇がデザインされている。

宿根草ボーダーガーデン
しゅっこんそうボーダーガーデン
境界に沿って150m続くボーダーガーデン。季節の宿根草が楽しめる。

グルメにも注目！

Flower Hearts フラワー ハーツ
ガーデン内のレストラン

園内で育てられた無農薬野菜や十勝の食材を使用した料理が楽しめる。朝食のビュッフェやランチのお弁当、スイーツなどが揃う。
時8:00〜16:00 **休**無休

→ビュッフェスタイルの朝食は8〜10時に提供。要予約

GARDEN ⑧
包装紙の十勝六花が咲く
六花の森
ろっかのもり

川のせせらぎが心地よい清涼感あふれる庭を、北国の花々が彩る。

六花亭の包装紙に描かれた6つの花は、十勝六花と名付けられ、その花の咲く姿が見られるようにと造られた庭。姉妹施設の中札内美術館にも足を運んでみたい。

中札内 **MAP** 本書P.3 F-4

☎0155-63-1000（開園期間のみ） **所**中札内村常磐西3線249-6 **時**10:00〜16:00（季節により変動あり） **休**期間中無休 **料**1000円 **交**JR帯広駅から車で20分 **P**あり

開園期間 4月下旬〜10月中旬
総面積 10ha
見学時間 1時間

考える人（ロダンから）
丘の上に設置された巨大な作品は彫刻家・板東優氏によるもの。

川沿いの
エゾリュウキンカ
かわぞいのエゾリュウキンカ
十勝六花のひとつに数えられるエゾリュウキンカ。園内の水辺で4月下旬〜5月中旬に開花する。

花柄包装紙館
クロアチアの古民家を移築した建物では、坂本直行氏による包装紙の原画の複製画を展示している。

歴代のパターンは7種類、69種類の山野草が描かれた

グルメにも注目！

六café ろっカフェ
パイや銘菓に舌鼓

カフェスペースのほか、オリジナルグッズやお菓子を販売するショップも併設している。
時11:00〜16:00 **休**期間中無休

先住民族アイヌの人々の
スピリッツにふれる

ウポポイ（民族共生象徴空間）

ウポポイ（みんぞくきょうせいしょうちょうくうかん）

札幌から特急に乗って約1時間の白老町に誕生したアイヌ文化の復興と発展のナショナルセンター。風光明媚なポロト湖の風景を楽しみつつ、先住民族アイヌの人々が受け継いできた独自の文化や歴史にふれてみよう。

アイヌ文化を体験しながら
楽しく学べる大規模空間

古くから先住民族アイヌの人々が暮らしてきた白老町に、アイヌの歴史や文化を紹介する国立の大規模施設が2020年7月に誕生した。広大な敷地は、国立アイヌ民族博物館と国立民族共生公園で構成される。日本最北の国立博物館では、アイヌに関するさまざまな資料を展示。公園内にはアイヌの伝統的な集落が再現され、伝統芸能の上演や工芸品の制作体験を楽しめる施設が点在。アイヌの伝統料理を味わえるカフェやレストランもあり、五感で楽しくアイヌの文化や精神世界にふれることができる。施設から望む広大な原生林や湖、遠くの山々の織りなす風景も魅力的だ。

ウポポイとはアイヌ語で
「(おおぜいで)歌うこと」。
全国からの投票により決定

見学information

アクセス

鉄道

JR新千歳空港駅	JR札幌駅

🚃快速エアポートで約3分 　🚃特急北斗で約1時間

JR南千歳駅

🚃特急北斗で約30分

JR白老駅

🚶徒歩で約10分

ウポポイ

車

新千歳空港IC	JR札幌駅

道央自動車
道札幌自動
車道経由約53km

🚗国道5号ほか約4.5km

札幌北IC

🚗道央自動車道約94km

白老IC

🚗道道86号ほか約4.6km

ウポポイ

開園時間

9:00〜17:00(季節により変動あり)

入場料金

大人	1200円
高校生	600円
中学生以下	無料

※一部の有料体験プログラムを除く

ウポポイ(民族共生象徴空間)
ウポポイ(みんぞくきょうせいしょうちょうくうかん)

白老 **MAP** 本書P.2 C-4

☎0144-82-3914(公益財団法人アイヌ民族文化財団) 🏠白老町若草町2-3 🅿約500台(有料)

27

基本展示室 きほんてんじしつ
博物館のメインの展示室。円形の室内は一度に見渡せて便利。6つのテーマに分類して展示する。

展示品から学ぶアイヌの世界
国立アイヌ民族博物館
こくりつアイヌみんぞくはくぶつかん

特集●ウポポイ（民族共生象徴空間）

アイヌの歴史と文化を主題とする日本初の国立博物館。アイヌの歴史や暮らし、文化をトータルに知ることができる。ウポポイで最初に訪れたい施設だ。

独自の言語や文化、歴史を持つアイヌ民族を紹介する博物館。基本展示室では「ことば」「世界」「くらし」「歴史」「しごと」「交流」の6つのテーマに分けて紹介。独創的な文様で飾られた衣類や儀礼品、工芸品などを展示する。企画展や特別展を実施する特別展示室もある。2階のロビーからポロト湖を一望でき、ショップも併設する。

シアター
高精細・大画面映像を駆使してアイヌ文化を映像でわかりやすく紹介。80分おきに20分の作品を上映。

ライブラリ
アイヌ民族や世界の先住民族に関する豊富な本を閲覧できる図書館。

パノラミックロビー
2階ロビーの大きな窓からは美しい景色を楽しむことができ、休憩にもぴったり。

伝統芸能上演
ユネスコの無形文化遺産に登録されたアイヌ古式舞踊、伝統楽器の演奏や歌も楽しめる。

体験交流ホール
たいけんこうりゅうホール
古式舞踊や楽器演奏などアイヌの伝統芸能を毎日4〜5回上演。上映時間は1回約20分。

体験型のフィールドミュージアム
国立民族共生公園
こくりつみんぞくきょうせいこうえん

先住民族アイヌの文化を見て、体験して深掘りできる体験型施設。

施設の大部分を占める広大な公園スペースに、アイヌ文化を学べる体験型施設が立ち並ぶ。独特の文様を刻むアイヌの木彫や刺繍の製作体験、伝統芸能上演の鑑賞、伝統的な家屋チセの室内見学などを楽しみながらアイヌの生活文化を肌で感じられる。アイヌの伝統料理を味わえるカフェやレストランもある。

工房
こうぼう
木彫や織物などのアイヌの手仕事の実演見学や製作体験（有料）が楽しめる。

体験学習館
たいけんがくしゅうかん
アイヌの楽器や食の体験プログラムを主に週末と祝日に実施。

木彫体験
アイヌの文様を彫刻して木製のスマホスタンドを製作。作品は持ち帰れる。

楽器演奏鑑賞
伝統楽器のムックリとトンコリの音色を堪能。

伝統的コタン
でんとうてきコタン
伝統的な家屋チセが並び、アイヌの伝統的な生活空間を体感できる。

チセ内部見学
茅など自然素材で造られたチセの内部を見学。暮らしぶりについての話も聞ける。

丸木舟操舟
実演・解説
浜辺エリアで丸木舟を操作する様子を間近で見学。詳しい解説も付く。※冬期は休演

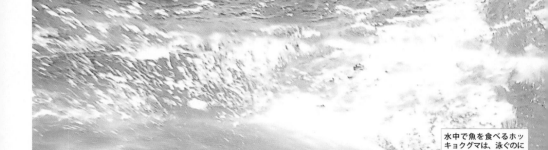

水中で魚を食べるホッキョクグマは、泳ぐのに適した体つきや毛並み

イキイキとした動物たち！
野生に近い行動に感動！
旭川市
旭山動物園

行動展示の
先駆け！
一度は行きたい
動物園

あさひかわしあさひやまどうぶつえん

1997年、ととりの村の完成以来
動物たちの自然に近い姿、自然に近い行動が見られることで脚光を浴び、
進化を続ける日本最北端の動物園。
趣向を凝らした行動展示やもぐもぐタイムなどで
「自然の尊さ」「命の大切さ」を体感しよう。

動物たちにストレスを与えない
環境づくりで他に類を見ない動物園

　約15万㎡の敷地に、絶滅の危機に瀕するホッキョクグマやアムールトラから、付近に生息するエゾシカやキタキツネ、アオダイショウまで、約100種約640点の動物を展示。一時は閉園の危機に陥るが、動物が本来持つ特性を生かした展示施設の開設を続け、イキイキとした姿で暮らす動物たちが見られることで、全国的にその名を知られるようになった。動物の特性を知り抜く飼育員による解説や手作りの掲示板などからは、環境や生命について問いかけるメッセージが感じられる。

旭山動物園はココがすごい!!

野生に近い動物たちの動きが見られるよう
展示方法には工夫が満載です。

1 動物本来の行動が見られる
行動展示

動物たちの能力や特性を観察できる展示。
園内の施設は動物本来の行動がとれるよ
うに考えた造りになっている。

円柱水槽内を動く姿で、
水面に出るときは垂直移
動する習性がわかる

両腕を交互に使って移動
する様子が見られる

2 食事の仕方で生態を知る
もぐもぐタイム

飼育スタッフがエサを与えながら、
動物のエサの食べ方、生態などを飼
育員が説明してくれる。

長い舌を巻き付けて葉を
むしりとるキリン

3 同生息地の動物は一緒に
共生展示

同じ、または近い地
域環境にいる動物を
同敷地内に展示。ほ
どよい緊張感が生ま
れ、より自然な姿が
見られる。

クモザルは樹上、カピ
バラは地上で生活する

捕食するもの、捕食され
るものを柵で分けて展示

見学インフォメーション

見学information

アクセス

鉄道・バス

JR新千歳空港駅	旭川空港

🚃 鉄道 快速エアポートで37分 | 🚌 バス 旭川
電気軌道バス・
旭山動物園行
きで35分

JR札幌駅

🚃 鉄道 特急カムイ／特急
ライラックで1時間25分
バス 高速あさひかわ号で
2時間5分

JR旭川駅

🚌 バス 旭川電気軌道バス・
旭山動物園行きで40分

旭川市旭山動物園

車

新千歳空港IC	JR札幌駅

🚗 道央自動車道
約40km | 🚗 国道20号ほか
約7km

札幌IC

🚗 道央自動車道
約134km

旭川北IC	JR旭川駅

🚗 国道37号・295号
ほか 約11km | 🚗 国道39号、道道
140号ほか 約11km

旭川市旭山動物園

🚗 道道68号ほか
約14km

旭川空港

開園期間&時間

冬期	2023年11月11日〜2024年4月7日 10:30〜15:30(最終入園15:00)
夏期	2024年4月27日〜10月15日 9:30〜17:15(最終入園16:00) 2024年10月16日〜11月3日は 〜16:30(最終入園16:00)
休園	2024年4月8日〜26日 2024年11月4日〜10日 2024年12月30日〜2025年1月1日

旭川市旭山動物園
あさひかわしあさひやまどうぶつえん

旭川 MAP 付録P.19 F-2

☎0166-36-1104 🏠旭川市東旭川町倉
沼 🎫1000円、中学生以下無料 🅿あり

どうしてこんなにイキイキと動くんだろう？

人気動物舎はココ！

水中を飛ぶペンギン、ダイブするホッキョクグマ、
垂直に泳ぐアザラシなど、かわいいだけじゃない
野生に近い姿が見られる魅力ある施設を見学したい。

空を飛べないペンギンが
人の頭上の水中を飛ぶよ
うに泳ぐ。鳥の仲間だと
いうことを実感

空ではなく水中を「飛ぶ」鳥

ぺんぎん館

生息域の異なる4種のペンギンを
展示。館内には、卵や羽の標本
のほか、海に棲む色鮮やかな魚
を展示するミニ水槽もある。

もぐもぐタイム あり（不定期）

冬期見学 可

⬆ 屋外放飼場のほかに、
屋内放飼場もある

ミナミイワトビペンギン
体長45〜58cm、体重2.5
〜3.5kg。大西洋やイン
ド洋に生息

キングペンギン
体長約85〜95cm、
体重14〜16kg。南
大西洋〜インド洋
の島に生息

もぐもぐタイム
魚は必ず頭から飲
み込むという習性
や、生息する場所
が種類によって違
うことなどを説明
してくれる。

白い熊の体は泳ぎに適した形
ほっきょくぐま館

もぐもぐタイムの水中ダイブでは怖いくらいの迫力を感じられるホッキョクグマ。屋内は暗く、まるで氷の下にいるような感覚になる。

`もぐもぐタイム` あり(不定期)
`冬期見学` 可

ホッキョクグマが水中にダイブしてエサを食べに行く様子は愛らしい

⟳ 氷の下を泳ぐアザラシの目線でホッキョクグマを観察できる

⬆ 大水槽では親子を展示していることが多い

`もぐもぐタイム`

大水槽に魚を投げ入れることで、泳ぎが得意なことがよくわかる。足の裏、毛の様子にも注目。

ホッキョクグマ
体長200〜300cm、体重175〜650kg。熊の仲間では唯一の海洋性

後ろ足を左右に動かし垂直移動する姿が見られるマリンウェイ

前足の役目は舵取り
あざらし館

旭山動物園の魅力を全国に知らしめた施設で、アザラシが垂直に泳ぐ様子が見られる。屋外にはオオセグロカモメも展示。

`もぐもぐタイム` あり(不定期)
`冬期見学` 可

ゴマフアザラシ
体長160〜170cm、体重100kgほど。北海道近海にも生息している

`もぐもぐタイム`

アザラシの前足の爪についてや、前足は舵取りの役目をしていることも教えてくれる。

大きな動物が見られる
`もぐもぐタイム` あり(不定期)
`冬期見学` 可
きりん舎・かば館

カバの大きさ、重さ、キリンの背の高さがよくわかる施設。キリンを同じ目線の高さで観察することもできる。

`カバ`
体長3.5〜4m、体重1.4〜3.2 t。一日のほとんどを水中で過ごす

⟳ 浮力を使い跳ねるように移動する姿も楽しい

`アミメキリン`
頭までの高さ5〜5.8m、体重0.5〜1.9 t。舌は40cmととても長い

⟳ キリンは冬期展示期間短縮(11:00〜14:00)

高さ16mにあるロープをスイスイと移動する姿は森の住人ならでは。冬期は屋内で見学可能

↑ 2015年2月に誕生したモカ（森花）

森の住人が家族で暮らす
おらんうーたん館

熱帯雨林の森に生息し、一生のほとんどを樹上で過ごすオランウータン。冬は屋内の放飼場で展示。

もぐもぐタイム あり（不定期）
冬期見学 可

↑ロープで作られた遊具がある「おらんうーたん館」の屋内放飼場

もぐもぐタイム

手や足の構造や、森での暮らし方のほか、オスとメスの見分け方などを教えてくれる。

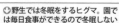

ボルネオオランウータン
体長110〜140cm、体重はメスで約45kg、オスはその倍以上の130kgにもなる

鋭く大きな爪にびっくり！
もうじゅう館

木や岩場といった高いところを得意とするヒョウや、地上で生活するトラやライオンなどを展示。

もぐもぐタイム あり（不定期）
冬期見学 可（一部の動物は展示時間短縮）

→体の模様は自分の体を隠すため

アムールトラ
体長240〜270cmと、トラの仲間でも最も大きい

→屋外で遊ぶ様子が間近に見られる

チンパンジー
体長60〜90cm、体重40〜70kg。歯の数も人間と同じ32本だ

ヒグマの迫力に圧倒される
えぞひぐま館

2022年オープン。外の放飼場と屋内の放飼場があり、間近でヒグマの様子を観察できるのも魅力。

もぐもぐタイム なし
冬期見学 可

エゾヒグマ
体長200〜230cm、体重は大きなもので300kgにもなる日本最大の陸生動物

↑野生では冬眠をするヒグマ。園では毎日食事ができるので冬眠しない

人間の行動とあまりに近い！
ちんぱんじー館

学習、道具を使う行動、1回に1頭出産する繁殖方法や歯の数まで人間と同じというチンパンジー。遊んでいる姿はまるで人間を見ているようだ。

もぐもぐタイム あり（不定期）
冬期見学 屋内で可

↑ジャングルジムのような施設

身体能力がスゴイ！
てながざる館

高いところにはテナ
ガザル、地上には小
さなシカの仲間「キ
ョン」が暮らす。テナ
ガザルの身軽な動
きとスピードは必見。

もぐもぐタイム
あり(不定期)
冬期見学 屋内で可
(キョンは不可)

↑ 高さ14mの鉄塔につ
ながる鉄棒をものすごい
速さで移動する

↑ 運動能力を発揮するテナガザル

シロテテナガザル
体長45〜60cm、体重53〜57kg。手が
長く、顔の周囲と手足が白い

鮮やかな羽が美しい
フラミンゴ舎

間近で歩いたり、エサ
を食べる姿を観察でき
る。羽ばたき浮き上が
る姿が見られることも。

もぐもぐタイム なし
冬期見学 不可

↑ 3種類のフラミンゴを展示している

頭上の吊り橋に注目
レッサーパンダ舎

吊り橋を渡り、渡った先の樹
上で寝る姿が見られるレッサ
ーパンダの隣にはマヌルネコ
を展示。

もぐもぐタイム あり(不定期)
冬期見学 可(一部の動物のみ)

↑ 好奇心旺盛なシセンレッサーパンダ

くずれた生態系を実感
エゾシカの森
オオカミの森

エゾオオカミが絶滅するまでは、
人とオオカミとエゾシカが共存
していたという、100年前の北海
道の自然をイメージした施設。

もぐもぐタイム あり(不定期)
冬期見学 可

エゾシカ
体長150〜190cm。エゾオオカミの
絶滅で、農林業や自然植生に被害を
もたらすほど急増してしまった

シンリンオオカミ
体長100〜150cm、体重
25〜45kg。カナダなと
寒帯から冷帯に分布

注目のイベント

ワンポイントガイド
飼育員が担当している
動物について、より深
い解説を行うイベン
ト。

夜の動物園
昼間は見られない動物たちの
夜の姿が観察できるイベント。
開園時間はこの時期のみ21:00
まで延長(最終入園20:00)。
時 要問合せ 料 無料

マナーや注目ポイントの基本

旭山動物園のまわり方

見学マナー

動物を撮影する際はフラッシュをたかないこと。もちろん物を与えることも厳禁。

見学のベストシーズン

夏には夜の動物園、冬には雪あかりの動物園ツアーなど、季節のイベントがあるので何回訪れても楽しめる。季節により動物の見え方が異なるのも魅力のひとつ。

もぐもぐタイムのスケジュール

各門や、園内中央の時計塔そばに当日のスケジュールがわかる案内看板があるのでチェックしよう。

園内の移動

⬆東門シャトルバス

食事や休憩

正門、西門など各門そばに食堂やテイクアウトグルメコーナーがあり、園内各所にあるベンチや芝生の広場での休憩ができる。

旭山動物園

動物資料展示館(1階)
動物図書館(2階)
骨格標本や、剥製の展示は1階。2階は読み聞かせ会も開催する図書館

こども牧場・第2こども牧場
ヤギや羊、モルモットなどを展示。ウサギに触れることもできる

旭山動物園くらぶ こもれびの丘 S F O P

カムイチカプ R
テイルン・テイル S

管理事務所

東門

北海道小動物コーナー

エゾユキウサギ
キタキツネ

エゾタヌキ
エゾモモンガ舎

てながざる館

くもざる・かぴばら館

サル舎

おらんうーたん館

旭山動物園くらぶ東門SHOP S
ニワトリ・アヒル舎

ちんぱんじー館

第2こども牧場
クジャク舎
野外ステージ
さる山

北海道産動物舎

えぞひぐま館

トナカイ舎
シマフクロウ舎

野草園
レッサーパンダ舎
野草園

両生類・は虫類舎
タンチョウ舎

ほっきょくぐま館
やすらぎの森

エゾシカの森
シロフクロウ舎
レッサーパンダの吊り橋

イベントホール
旭山動物園号ひろば

かば館
ダチョウ

きりん舎

厚友会中央食堂 S R

あざらし館

あさひやまファームZOO S R

時計塔

オオカミの森

もうじゅう館

ぺんぎん館

旭山動物園くらぶ
いこいの広場 SHOP
パン小屋
旭山動物園の魅力を伝えるアイテムが揃う。こども牧場そばにもある。

西門

ととりの村

フラミンゴ舎

サポートセンター
園内案内のほか、旭川および近郊の観光スポットのパンフレットも

いこいの広場

ZOOショップ・キッチン CoCoLo S R

正門

■「もぐもぐタイム」
「なるほどガイド」掲示板
WC 男女トイレ
多目的トイレ
コインロッカー
授乳室
喫煙所
ポスト
冬期不可
無料バス

入口は3カ所あります

正門

フラミンゴ舎やととりの村、売店や食堂が入ってすぐの場所にある。

西門

かば館やきりん舎、ぺんぎん館といった人気施設に近い門。

東門

園内に下る長いスロープの途中には小動物が展示されている。

OTONATABI

Sapporo

札幌

190万人を超える人口を誇る
北海道随一の大都会。
碁盤の目状に整備された街では
開拓期の面影を残すレトロな建築、
緑の草木が調和する。
グルメの楽しみも充実。

緑とビル街が
共存する
美しい都市

エリアと観光のポイント
札幌はこんな街です

都市機能と観光名所が調和して整備されており、
各エリア間もスムーズに移動できる。

定番の撮影スポット、
さっぽろ羊ヶ丘展望台
にあるクラーク像

緑豊かな札幌市の繁華街
大通公園 周辺 ➡P.76
おおどおりこうえん

都市景観を彩る大通公園が市街を南北
に分けて横断。周辺には百貨店やカ
フェ、見どころも多数あり、散策を楽し
む人々で賑わう。定番の観光地は中心
部に集結しているため徒歩でまわれる。

**観光の
ポイント** 大通公園 P.76
札幌市時計台 P.82

グルメとお酒を楽しむ歓楽街
すすきの ➡P.60

約4000もの飲食店が集中する、国内で
も屈指の歓楽街。住所でいうと南4~8
条、西2~6丁目の周辺を「すすきの」
と呼んでいる。居酒屋やバーなど夜の
楽しみが充実している。

**観光の
ポイント** ノルベサ屋上観覧車「nORIA」
P.75

地元民の行楽スポットが点在
円山 ➡P.84
まるやま

市街西側の小高い丘のような山・
円山を中心に、公園に動物園、神
社や天然林などが点在。地元民の
行楽の場としても愛されている。

**観光の
ポイント** 円山公園 P.84
札幌市円山動物園 P.85

文化施設も多い憩いの場
中島公園 周辺 ➡P.83
なかじまこうえん

札幌中心部南側に広がる街のオア
シス。美しい景観に加えて、歴史
と音楽や文学など文化にふれられ
る見どころも豊富だ。

**観光の
ポイント** 中島公園 P.83

⬆大倉山展望台から見た札幌市街

電車事業所前

商業施設も充実した観光拠点

札幌駅周辺
さっぽろえき

→P.40

玄関口の駅に直結したランドマーク・JRタワーを筆頭に、百貨店やモール、飲食店やホテルも多い。主要施設が集まり、観光拠点に最適。

観光の
ポイント
札幌駅 P.40
北海道庁旧本庁舎 P.89

- 北18条駅
- 北24条駅
- 地下鉄南北線
- 5
- 北海道大学
- 北12条駅
- 地下鉄東豊線
- 北区役所駅
- 桑園駅
- 北13条東駅
- 東区役所駅
- 環状通東駅
- 札幌駅周辺
- 新札幌駅
- 札幌駅
- 函館本線
- さっぽろ駅
- さっぽろ駅
- 北海道庁旧本庁舎
- 5
- 札幌市時計台
- サッポロファクトリー
- 大通公園周辺
- 大通
- 12
- 230
- 大通公園
- 大通駅
- 大通駅
- 西8丁目
- バスセンター前駅
- 西11丁目駅
- 西4丁目
- 狸小路
- 西15丁目
- ノルベサ屋上観覧車「nORIA」
- すすきの
- 菊水駅
- 中央区役所前
- 資生館小学校前（西創成）
- 豊水すすきの駅
- 36
- 西線6条
- すすきの駅
- 市電
- 東本願寺前
- すすきの
- 地下鉄南北線
- 東札幌駅
- 西線9条旭山公園通
- 230
- 山鼻9条
- 中島公園駅
- 453
- 西線11条
- 中島公園通
- 学園前駅
- 西線14条
- 中島公園
- 中島公園周辺
- 行啓通
- 36
- 西線16条
- 市電
- 幌平橋駅
- 豊平公園駅
- 静修学園前
- ロープウェイ入口
- 230
- 中の島駅
- 美園駅
- 山鼻19条
- 幌南小学校前
- 平岸駅
- N

（ 交通information ）

札幌の移動手段

市内は、大通駅を起点として3路線で東西南北へ延びる市営地下鉄をメインに移動するのが基本。南西部では2015年末に環状線化した市電（路面電車）が運行しているので活用したい。民間3社の路線バスや、市内の周遊バスもある。

周辺エリアとのアクセス

列車・バス

JR新千歳空港駅

❍快速エアポートで37分

JR札幌駅

❍快速エアポートで33分

❍特急カムイ/特急ライラック（滝川駅乗り換え）で3時間

JR小樽駅	JR富良野駅

車

新千歳空港IC

❍道央自動車道、札樽自動車道経由 約47km

札幌北IC

❍札樽自動車道経由 約31km

❍国道38号、道央自動車道（滝川ICから）経由 約144km

JR小樽駅	JR富良野駅

問い合わせ先

観光案内
北海道さっぽろ観光案内所 ☎011-213-5088
札幌市観光協会 ☎011-211-3341
交通
JR北海道電話案内センター
☎011-222-7111
札幌市交通案内センター
（札幌市営地下鉄） ☎011-232-2277
ジェイ・アール北海道バス
☎011-622-8000
じょうてつバス ☎011-572-8813
北海道中央バス札幌ターミナル
☎0570-200-600

札幌はこんな街です

39

旅のきほん
2

観光の拠点となるのはここ

札幌駅の周辺をマスターする

街の中心に位置する札幌駅の周辺には、地下鉄の駅やバスターミナルのほか、商業施設なども立ち並ぶ。まずは観光の拠点となるターミナル駅周辺を把握したい。

地下1階は名産品の宝庫

大丸札幌店

だいまるさっぽろてん

MAP 付録P.8 B-3

広々とした店内でショッピングやグルメを楽しめる百貨店。地下1階の食品フロア「ほっぺタウン」はグルメみやげ探しに便利。

☎050-1780-6000 ⦿札幌市中央区北5西4-7 ⏰10:00～20:00、8Fレストラン街11:00～22:00※ほか一部店舗は異なる ⦿無休

道内最大級の商業施設

札幌ステラプレイス

MAP 付録P.8 B-2

ファッションを中心に約200もの店舗が入り、国内有数の規模を誇る、JRタワー内の巨大ショッピングセンター。

☎011-209-5100 ⦿札幌市中央区北5西2 ⏰10:00～21:00、レストラン11:00～23:00 ⦿無休

観光information

北海道さっぽろ「食と観光」情報館

札幌駅南口1階にある観光と食の魅力の発信拠点。駅構内にあり、札幌はもちろん、道内各地のパンフレットが揃い、食材や加工品を販売するショップも併設。

☎011-213-5088(北海道さっぽろ観光案内所) ⏰8:30～20:00(JR総合案内所は～19:00)

チ・カ・ホで移動が楽々

札幌駅前から大通、すすきの地区を結ぶ地下歩行空間「チ・カ・ホ」。地上への出口や直結のビルも多く、信号や天気を気にせず快適に移動できる。

↑札幌駅北口にはタクシー乗り場や
定期観光バス乗り場がある

上層階から市街を一望
JRタワーホテル日航札幌
ジェイアールタワーホテルにっこうさっぽろ

MAP 付録P.8 B-2

高層駅ビル「JRタワー」の1階
と22〜36階はホテル(P.98)区
画、最上階38階は展望室(P.75)

☎011-251-2222(代表)
所札幌市中央区北5西2-5

札幌駅直結の地下街
アピア

MAP 付録P.8 B-2

リーズナブルで多彩な品揃え
で、レディスファッションや雑
貨などを気軽にショッピング。
☎011-209-3500 所札幌市中央区
北5西3-4 営10:00〜21:00、レス
トラン11:00〜21:30 休無休

地下鉄、市電、観光バスで札幌駅から観光スポットへ
路線図&アクセス早見表

主な交通手段は地下鉄だが、
目的地によっては市電やバスを利用したい。

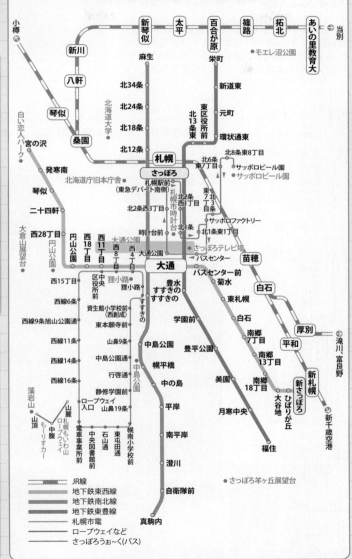

凡例
JR線
地下鉄東西線
地下鉄南北線
地下鉄東豊線
札幌市電
ロープウェイなど
さっぽろうぉ〜く(バス)

札幌駅の周辺をマスターする

プレミアム滞在モデルプラン

札幌
おとなの1日プラン

道内人口の約3割が住む、自然と都市が調和した美しい街。地下鉄やバスが通っているため、郊外へのアクセスも良好。開拓使時代の面影を残すレトロな建築や自然を楽しみながら街を歩きたい。

↑札幌市中心に位置する大通公園。公園内には多彩な噴水や彫刻が設置され、四季を通してさまざまなイベントも開催される

9:20	JR札幌駅
約7分	札幌駅から徒歩
9:30	北海道大学

約10分
地下鉄・北12条駅から地下鉄南北線で約4分、大通駅下車。大通公園から札幌市時計台は徒歩5分程度の距離

| 11:00 | 大通公園 |

約20分
地下鉄・大通駅から地下鉄東西線で約5分、円山公園駅下車。円山バスターミナルからジェイ・アール北海道バスで約10分、大倉山競技場入口下車

| 14:30 | 円山エリア |

約10分
地下鉄・円山公園駅から地下鉄東西線で約5分、大通駅下車。地下鉄・大通駅から地下鉄南北線で約1分、さっぽろ駅下車

| 20:00 | JRタワー |
| 21:00 | JR札幌駅 |

↑研究室として利用されていた古河講堂。内部の見学は不可

開拓の記憶にふれ、展望スポットを訪ねる

緑が茂る街を歩き、開拓の歴史を感じたら、美しい街を一望できる展望台へ。

エルムの森に包まれた
自然豊かな 北海道大学 構内へ

北海道大学 ➡P.80
ほっかいどうだいがく

緑豊かなキャンパスを散策。構内にはエルム（ハルニレ）が生い茂る。春の新緑や秋のイチョウ並木など、季節によって印象が変わる。構内の歴史的な建造物も見学してみたい。

↑赤い屋根が魅力的な札幌農学校第2農場

広大な自然のなかで癒やしの時間を！

➡札幌農学校(北海道大学の前身)の初代教頭であるクラーク博士像

街のシンボル となる 2大スポットを巡る

大通公園 → P.76
おおどおりこうえん

街の中心にある緑あふれる公園を散策。さっぽろ雪まつりなどイベント開催時に訪れるのもおすすめ。さっぽろテレビ塔からの眺望も必見。

↑大通公園には噴水や花壇だけではなく彫刻作品なども点在

札幌市時計台 → P.82
さっぽろしとけいだい

街を象徴する建物で現存する時計塔としては日本最古。館内で時計台の歩みを見学できる。

↑札幌市時計台は日本最古の振り子式塔時計

緑豊かな街を見晴らす 展望台 へ向かう

大倉山展望台 → P.72
おおくらやまてんぼうだい

街を一望し北海道大学や大通公園を山頂から探してみたい。一面に広がる夜景も楽しめる。

↑ジャンプ台上の山頂展望台からの眺め

円山公園 → P.84
まるやまこうえん

桜の名所として知られる公園を散策。木々が茂る園内から、周囲にある北海道神宮や円山動物園にも足を運んでみたい。

↑エゾヤマザクラなどの桜が植えられている

プランニングのアドバイス

大通公園、札幌市時計台周辺散策の休憩は道内の人気菓子メーカーの直営カフェ(P.64)がおすすめ。リピーターなら、中島公園(P.83)や郊外に点在するモエレ沼公園など、アートがある公園へ足を延ばしてみるのもいいだろう。街の夜景(P.72)はすすきのや藻岩山からも楽しめる。夕食の場所からアクセスしやすい場所へ向かうのもいい。寿司(P.44)、海鮮(P.48)、ジンギスカン(P.56)など、食の充実度は道内随一。多くの店が札幌駅からすすきのの間に集中している。円山エリアには、おしゃれなフレンチやイタリアン(P.54)、レトロな雰囲気のカフェ(P.66)などが点在している。

↑札幌を代表する寿司の名店、すし善 本店(P.45)

↑人気海鮮料理店、海味はちきょうの名物の元祖つっこ飯(P.49)

札幌駅に併設する 高層ビルから 100万都市の夜景 を望む

JRタワー展望室 タワー・スリーエイト → P.75
ジェイアールタワーてんぼうしつ タワー・スリーエイト

JRタワー最上部の展望室から街の夜景を望む。東西南北、360度のパノラマで街の夜景が楽しめる。

↻地上160mの高さから、きらめく街の眺望に出会う

札幌 おとなの1日プラン

43

寿司コース1万1000円〜
天然、四季、素材、創意工夫。そして昔の仕事。これが店のこだわり。単品では「海水ウニ」と「はがしトロ」が定番だ

一度は訪れたい名店へご招待

食都が誇る美食
極上の寿司を味わう

札幌の美食の象徴である寿司。日本の伝統を守るため、今日も職人たちはカウンターに立つ。激戦区で第一線を駆け抜けてきたのには理由がある。それは味が証明してくれる。

⬆️素材にひと手間。出てくる料理は、包丁の入れ方ひとつとってもていねいさが光る

「昔の仕事」がモットー
素材へのひと工夫が光る

鮨処うえの
すしどころうえの
すすきの **MAP** 付録P.11 E-2

札幌には珍しい江戸前寿司店。「昔の仕事」の宣言どおり、シマアジを炙ったり、アワビを酒蒸しにしてやわらかくしたりと、ネタにはひと手間加えて提供。

☎️011-513-0567
🏠札幌市中央区南6西3ジョイフル酒肴小路1F ⏰18:00〜22:00(LO21:30) 🈲火・水曜 🚇地下鉄・すすきの駅から徒歩5分 🅿なし

⬇️東向きにあるビル入口から入った最奥に店を構える

予約	望ましい
予算	Ⓓ1万円〜

⬆️カウンターは8席。大将が和やかな雰囲気をつくりだす

握り寿司（旬）
8800円
シャリは山形のつや姫。
粋と活きが交錯した、美
味繊細な味を楽しめる

道都の江戸前寿司
雰囲気だけでなく味も最高級

すし善 本店
すしぜん ほんてん

円山 **MAP** 付録P.4 C-2

北海道を代表する江戸前寿司の名店。磨
き抜かれた檜のカウンターが高級感を演
出する。全国から旬の食材を集め、寿司の
粋と活きを心ゆくまで楽しませてくれる。

☎011-612-0068
所札幌市中央区北1西27 営11:00〜15:00(LO14:
30) 17:00〜22:00(LO21:30) 休水曜 交地下鉄・
円山公園駅から徒歩3分 P4台

予約	要
予算	L8000円〜 D2万2000円〜 ※別途サービス 料10%

↑店内は、雪、月、花
の3つのカウンターと個
室2部屋のほかに広間が
1部屋ある

↑わさびは静岡の契約農家から取り寄せている

↓近くには北海道神
宮があり、美しい北
国の四季を映す円山
に位置する店舗

45

おまかせコース
1万2000円
写真は一例。握りのほか、6品ほどの料理が味わえる。飲み物は別料金

予約	望ましい
予算	Ⓓ1万2000円〜

この道40年以上の職人が作る
旬の寿司&一品料理に大満足

すし処 ひょうたん
すしどころ ひょうたん

すすきの **MAP** 付録P.11 F-3

職人歴40年以上、会津出身の渡部さんが握る寿司と一品料理を味わえる「おまかせコース」が楽しめる店。カニみそ、根菜がたくさん入った郷土料理「小汁(こづゆ)」は絶品。

☎011-512-8052
所札幌市中央区南7西4 五條 DEUX ビル1F
営17:30〜22:30 休日曜、祝日、市場の休業日 交地下鉄・すすきの駅から徒歩7分
Ｐなし

◀すすきの交差点から南、豊川稲荷のそばの「ひょうたん」の暖簾が目印

◀厳選された旬のネタが目の前に並ぶカウンター席。テーブル席も1つある

客との間合いで供する握り
上質空間で酒とともに味わう

予約	完全予約制
予算	Ⓓ2万円〜

田久鮓
たくすし

すすきの **MAP** 付録P.11 D-2

白を基調としたモダンな店内は、コの字型にカウンターが広がりバーのよう。素材の旨みを最大限に引き出した寿司とともに、上質なワインや日本酒を味わえる。

☎011-211-1206
所札幌市中央区南3西3-3 G DINING 札幌6F 営17:30〜22:00 休不定休 交地下鉄・すすきの駅から徒歩2分 Ｐなし

華コース 1万8000円(税・サービス料別)
熟成させて旨みを引き出した魚と、赤酢を使ったシャリ。全国から取り寄せた魚介を心ゆくまで楽しめる

⬆握りはもちろん日本酒も極上。ネタに合わせて選んでくれる

⬆入口もモダンでスタイリッシュ

⬆カウンターは12席で、椅子は1人掛けのソファタイプ。おしゃれな空間だ

円山特上手織り寿司（数量限定）2860円
15種類のおばんざいは、道産食材が中心。手巻きや酢飯にのせて味わおう。刺身は4種類

道産食材を使用した
手織り寿司

見た目も
鮮やかで美しい

予約 可能
予算 Ⓛ3000円〜

↪ パフェや団子などの甘味メニューも提供。写真はきなこ黒みつパフェ890円。きなこムースは手作り

古民家を改装した落ち着いた空間で、色とりどりの食材を使った手織り寿司を堪能。自分好みに自由に巻いておしゃれな和ランチを。

↪ モダンで趣のある店内で時間を忘れてゆっくりと

おばんざい・刺身を
酢飯にのせ海苔で巻く！

かまだ茶寮　円山
かまだちゃりょう　まるやま

円山 MAP 付録P.5 D-3
築80年の古民家を改装した落ち着いた和カフェでは、道産食材を使った見た目にもかわいい新スタイルの寿司「手織り寿司」のほか、きなこを使ったパフェなども味わえる。

☎011-616-0440
所 札幌市中央区南2西25-1-31
営 11:00〜17:00(LO16:30)
休 月曜
交 地下鉄・円山公園駅から徒歩3分
P 10台

↪ 店は細い路地を抜けた先にある

↪ 夜は名物のおばんざいとお酒を楽しめる「かまだ茶寮 月虹」として営業

うに丼ランチ 3800円〜
天候と仕入れ具合で、毎日値段が
変わるうに丼。おいしさを追求す
る店主の姿勢が表れている

感動を覚える、期待を裏切らない名店の味

鮮度が違う! 海鮮

海の幸の宝庫・北海道は食材はもちろん、料理人も超一級だ。
食べ方、魅せ方、仕入れ方。特選の店を紹介しよう。

通年で味わえる極上ウニは
地元民も納得のおいしさ

予約	要
予算	ⓛ700円〜 ⓓ7000円〜

すぎ乃
すぎの

大通公園周辺 **MAP** 付録P.9 E-2

夏のウニは積丹、秋冬は道東からの
直送なので通年で新鮮。極上うに丼
は2500円〜。「手を加えすぎない」
をモットーに地元民にも愛される。
品薄な場合もあるため予約は必須。

☎011-221-7999
🏠札幌市中央区北1西2-9 オーク札幌ビルB1
🕐11:30〜13:30(LO13:00) 17:00〜22:30
🈂不定休 🚃JR札幌駅から徒歩7分/地下鉄・
大通駅から徒歩2分 🅿なし

❷おすすめの
ひとつ「かに甲
羅やき」1595円

❷牡蠣がんがん蒸しは5つ付いて1200円〜

❷20席の落ち着ける空間で四季の幸を

❷JR札幌駅から地下道を通り7番出口から
徒歩2分、時計台の裏側に立地

海味はちきょう

漁師町の雰囲気たっぷりの店内
北海道各地の新鮮魚介がずらり

うみはちきょう

すすきの **MAP** 付録P.11 D-2

店内には大漁旗が飾られ、情感たっぷり。
道内各地から届く新鮮な旬の魚介が楽しめ
る人気店。「おいさー」のかけ声に合わせ丼
にイクラを盛り続ける「元祖つっこ飯」は圧
巻だ。

☎011-222-8940
所札幌市中央区南3西3 都ビル1F ☎18:00～24:00
(LO23:00)日曜、祝日17:00～23:00(LO22:00)休
無休 ⊗地下鉄・すすきの駅から徒歩1分 Ｐなし

予約 要
予算
Ⓓ4000円～

元祖つっこ飯 2290円(税別)～
珠玉のイクラはまさに海のルビー。威勢
よく盛り付けるパフォーマンスが名物

⊙潮の香りが漂ってきそうな店内。
威勢の良いスタッフが出迎える

⊙刺身の盛り合わせ
例。漁師らしく納得し
たものしか提供しない

⊙羅臼といえば
ホッケの開き。ぜ
ひ、身の厚みを体
感してほしい

鮮度が違う! 海鮮

きょうど料理亭 杉ノ目

北海道のカニをはじめ
素材を知り尽くした老舗の品格

きょうどりょうりていすぎのめ

すすきの **MAP** 付録P.11 E-3

北海道のカニを味わい尽くせる、昭和
38年(1963)創業の老舗。毛ガニやタラ
バなど素材の持ち味を生かした料理が
ずらり。郷土料理もおまかせで、札幌
軟石の石蔵造りの建物も趣深い。

☎011-521-0888
所札幌市中央区南5西5 ☎17:00～22:30
(LO21:30)休日曜、祝日(連休は要問合せ)
⊗地下鉄・すすきの駅から徒歩3分 Ｐなし

季節の特別会席
3万3000円～
北海道各地の滋味深い
食材が味わえる。そのほ
か、蟹会席や郷土会席各
1万1000円～も用意

予約 望ましい
予算 Ⓓ1万5000円～
※別途サービス料カウ
ンター10%、部屋15%
と部屋代1室1100円

⊙昆布だしに漬けた
イクラに、ウニをのせ
た丼(左)。新鮮なうち
にサッと浜茹でにし
たカニ(右)

⊙店内はアイヌの人々の家屋チセを再現

※料理写真はイメージ

49

産地から直送された魚介が
のった舟盛りが圧巻&感動!

大漁舟盛り居酒屋
大海物語
たいりょうふなもりいざかや　おおうみものがたり

すすきの **MAP** 付録P.11D-2

新鮮魚介が20種以上のった舟盛りと
蟹盛りがお通しとして出てくるとい
う、独自のお通しシステムの海鮮居
酒屋。海鮮メニューのほか日本酒や
焼酎など、アルコールの種類も多い
のでコースがおすすめ。

☎011-520-2701
🏠札幌市中央区南5西3 N・グランデビル2
🕐17:00〜24:30（LO）🈁日曜 🚇地下鉄・す
すきの駅から徒歩2分 🅿なし

🔸掘りごたつ席は仕切って個室風にもなる

大漁舟盛り 2100円
20〜25種類もの新鮮魚介が、まさ
に「大漁」に盛り付けされた豪
快な舟盛り。お通しで提供される
※写真は2人前

🔸道産のサケから採取し
たイクラを自家製醤油に
漬け、たっぷりと酢飯にか
けたミニいくら丼1180円

🔸蟹盛り1200円。毛ガニ、
ズワイガニ、タラバガニの
三大蟹盛り合わせ。お通し
で提供される※写真は2人前

予約 望ましい
予算 ⒟6000円〜

活・焼・パスタなど、カキを楽しむ
オイスターバー

BAR BAR
PROPECHO
バール バール プロペッチョ

すすきの **MAP** 付録P.11D-2

店の扉を開けると、たくさんのカキが
出迎えてくれる、日本オイスター協会
のマイスターがいるオイスターバー。
産地の食べ比べができるほか、活・焼・
フライ・パスタなどアレンジも豊富。

☎011-213-0245
🏠札幌市中央区南2西3第2田村ビル2F 🕐
18:00〜24:00（LO ドリンク23:30、フード
23:00）🈁不定休 🚇地下鉄・すすきの駅から
徒歩2分 🅿なし

予約 望ましい
予算 ⒟4000円〜

🔸カラスミとカキを海水で味付けした活ガキと
からすみのパスタ（1日5食限定）2280円

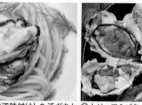

🔸トリュフ&バターなど自家製ソースを加えオーブン
で焼いたグリルドオイスター（6P）2280円

オイスタープラッター
（6P）2280円
全国各地のカキの食べ比べが
楽しめる人気メニュー。食べ比
べして好みの味を見つけよう。
※写真は12P

🔸ナチュラルな
雰囲気の店内。
個室席もある

⬆ ウニ丼 レギュラー（80g）7370円。濃厚で自然な甘み

⬆ ウニ、ズワイガニ、道産ジャガイモとホワイトソースが濃厚でクリーミな味わい。ウニの風味が楽しめる

うにづくしコース
8800円
人気のウニグラタンやウニの天ぷらなどウニを使ったさまざまな料理が楽しめる

先付けから食事までウニづくし それも無添加だから極上の味

函館うに むらかみ 日本生命札幌ビル店
はこだてうに むらかみ にほんせいめいさっぽろビルてん

札幌駅周辺 MAP 付録P.9 D-3

ウニ加工会社の直営店で、ミョウバンを使用しない、無添加の生ウニが楽しめる。自家製のホワイトソースとの相性抜群のウニグラタン1320円（税別）がおすすめだ。

☎011-290-1000
所 札幌市中央区北3西4-1 日本生命札幌ビルB1
営 11:30〜14:00（LO13:30）17:30〜21:30（LO20:45）土・日曜、祝日17:30〜21:30（LO20:45）休 不定休 交 JR札幌駅から徒歩5分 P なし

予約	望ましい
予算	L 2000円〜 D 8000円〜

⬆ 和を感じる外観。店内は天井が高く開放的な造り
➡ 接待に利用されることも多いテーブル席の完全個室（八重）

鮮度が違う！ 海鮮

鮮度抜群の魚介を 炭火焼きで提供する

ろばた大助 本店
ろばたおおすけ ほんてん

すすきの MAP 付録P.11 E-3

店主が北海道内各地の漁港に出向き、吟味して仕入れた天然ものの魚介を炭火焼きで味わえる店。木のぬくもりが感じられる空間で、ゆったりと過ごせる。

☎011-520-4333
所 札幌市中央区南6西4 ライトビル2F
営 17:00〜23:00（LO22:00）休 水曜 交 地下鉄・すすきの駅から徒歩5分 P なし

予約	望ましい
予算	D 5000円〜

浜ゆでで毛がに姿盛り
7800円
獲れたての毛ガニをその場で茹で上げているので旨みが凝縮

⬆ 一枚板のカウンターをはじめ、木のやさしいぬくもりが漂う店内

⬆ 掘りごたつ形式の個室もあり、落ち着く空間でゆったり楽しめる

⬆ 道内各地の漁師から直接買い入れている刺身盛り合わせ2900円

⬆ 最高級の羅臼産真ほっけ開き2600円

51

↑料理長のおまかせ会席は、1万2000円、1万5000円、2万円(税金・サービス料10%別)の3種

実は名店が揃ってます

食都で進化した繊細な味
和食という選択

舌の奥にじわりしみる奥深さ。きめ細かな和食は最高の素材とともに、北の大地にも根付いている。

鴨々川のせせらぎを聞きながら厳選素材の日本料理を堪能
茶寮 瀧乃家
さりょうたきのや

中島公園周辺 MAP 付録P.6 C-4

登別にある創業100年以上の老舗旅館「滝乃家」直営の懐石料理店。コース料理は要望を受け、料理長が作るオリジナル。四季を感じ、目にも美しい逸品をゆっくり楽しめる。

↑店の前には鯉が泳ぐ鴨々川があり、街なかでも風流

☎011-530-3322
所札幌市中央区南8西3-6-1 シティマンション五十嵐1F
営17:00～22:00 休日曜、祝日の月曜 交地下鉄・中島公園駅から徒歩3分 P2台

予約 要
予算 D1万1000円～

↑個室が多く、友人同士や家族の集まりにも最適

↑コース料理一例。料理長自らが市場で仕入れた素材によってその日のメニューが決まる

1000坪の日本庭園で旬の味
都会の喧騒を忘れるひととき
エルムガーデン

↑昭和の歴史が感じられる和空間でゆったりと

↑景色も味わいのひとつ。四季折々の表情を見せる

藻岩山周辺 MAP 付録P.2 C-3

戦後間もない昭和21年(1946)に開業した高級料亭「エルム山荘」が前身。1000坪の日本庭園では、琴ランチ、流しそうめん、野舞ランチ、アイスバーと春夏秋冬の旬を味わえる。

☎011-551-0707
所札幌市中央区南13西23-5-10 営11:30～15:00(L013:30) 18:00～22:30(L020:00) 休土・日曜・祝日のランチ、火曜 交地下鉄・円山公園駅からジェイ・アール北海道バス・啓明ターミナル下車、徒歩2分 P28台

予約 要
予算
L5500円～
D1万4000円～

↑国産牛のサーロイン、わさびを添えて

↑デザートも季節を感じさせる味わい

すすきのの和食・懐石ならここ
素材と客にていねいに向き合う
はなれ味重
はなれあじしげ

すすきの MAP 付録P.11 D-2

客の好みに応じて食材を変え、リピーターには前回と違う料理を出すなど日本料理一筋に歩んできた大将の心意気が伝わる店。季節の素材を具に、上質なだしでスッといただく。

☎011-261-6999
所札幌市中央区南3西3-3 G DINING札幌1F
営18:00～23:00 休日曜(祝日の場合は要相談) 交地下鉄・すすきのの駅から徒歩2分 Pなし

↑水の流れる音をバックに、創作料理を。お酒も自然とすすむ

↑カウンターは6席。落ち着いたしつらえ

↑ビルの入口付近にある。カードの使用は不可

予約 要
予算 D1万3200円～

注目のブランド肉に舌鼓
新定番!! 道産肉

道産牛肉は個性も豊富。牛種や食べ方、部位によっても味わいが異なり、どの肉を食べたらいいか迷うぐらいの味ばかり!

北海道Ａ4黒毛和牛
フィレＢコース
1万3750円
黒毛和牛フィレ肉100gと活アワビが付いたコース。肉と海鮮の両方が楽しめる。

◐ すべての席から四季折々の自然を感じられる大きな窓を設置。夜はライトアップし、ムードを演出

極上肉を、優雅な
一軒家レストランで食す
海鮮・肉鮮ステーキ円山本店
かいせん・にくせんすてーきまるやまほんてん
円山 **MAP** 付録P.5 D-4

白老牛や十勝いけだ牛、貴重なえぞ但馬牛など、その日一番の肉を使う道内屈指の鉄板焼きレストラン。活アワビを調理するなど鮮度や旬の魚介メニューも逸品。

☎011-551-0554
所 札幌市中央区南7西26-5-4 営11:30〜15:30 (LO14:30) 17:00〜22:00 (LO21:00) 休なし 交地下鉄・円山公園駅から徒歩15分 Ｐ15台

◐ 食材を目の前で仕上げ、肉は好みの焼き加減で提供する

北海道の恵みを忘れられない一皿に

食を芸術に昇華する
フレンチ&イタリアン

⬆北の大地で育まれた食材を洗練された料理に仕上げるシェフの技を堪能

旬の食材、素材の豊かさ。恵まれた北海道の環境に思わずシェフの心は高鳴る。腕をふるい独自の世界を展開する一皿一皿は、かけがえのない表現の場なのだ。

フランス料理

モエレ沼公園の眺望と美食が
感性を刺激するダイニング

L'enfant qui reve
ランファン キ レーヴ
東区 MAP 付録P.3 F-1

予約	要
予算	Ⓛ4800円～ Ⓓ6200円～

⬆アートのような美しい盛り付けにも注目したい

モエレ沼公園内に位置。白を基調とした店内の大きな窓から、イサム・ノグチが手がけた公園の眺めを楽しみつつ、新鮮な素材を使ったモダンなフレンチが味わえる。

☎011-791-3255
所札幌市東区モエレ沼公園1-1 営11:30～14:00 17:30～19:00(LO) 休月曜(変動する場合あり。HP要確認) 交地下鉄・環状通東駅から北海道中央バス・中沼小学校通・あいの里教育大駅行き、モエレ沼公園東口下車、徒歩10分 Ｐあり(1500台)

⬆季節で、時間で、表情を変える公園の眺望が楽しめ、なかでも夕景が美しい

フランス料理

若手シェフがこだわりの一品を提供
モダンで重厚な石造りの店舗も魅力

レストランコートドール

円山 **MAP** 付録P.4 C-2

シェフの福江氏は調理専門学校卒業後、同店
にて研鑽を積み5代目シェフに就任。伝統的な
料理に現代の技法を加えたネオクラシックで
もてなす。

☎011-614-1501
所札幌市中央区宮ヶ丘1-2-38
⏰12:00〜13:30(LO)
18:00〜20:00(LO) 休月曜 交
地下鉄・西28丁目駅から徒歩5
分 P8台

予約	要
予算	ⓛ5445円〜／ⓓ1万2100円〜

おすすめメニュー
ランチコース 3500円〜／
ディナーコース 9000円〜
※別途サービス料10%

↑旬の食材を使ったフレンチを堪能できる

↑北海道神宮のほど近くに
建つ、モダンで重厚な店舗

↑メインダイニングをはじ
めインテリアも上質

イタリア料理

上質空間で味わう極上の皿
ソムリエ厳選のワインも注目

リストランテ カノフィーロ

大通公園周辺 **MAP** 付録P.10 C-1

上質な料理が味わえる「大人の隠れ家」。
イタリア産を中心に常時250種類超のワ
インを揃えている。要望に応じて組み立
てるコース料理は記念日にもおすすめ。

☎011-242-0808
所札幌市中央区南2西1 アスカビル
2F ⏰11:30〜13:00(LO) 18:00
〜20:00(LO) 休不定休 交地下
鉄・大通駅から徒歩7分 Pなし

予約	望ましい
予算	ⓛ3500円〜／ⓓ1万円〜

おすすめメニュー
Pranzo B(ランチコース)
4180円
Menu B(ディナーコース)
1万2100円
Menu C(ディナーコース)
1万8150円

↑ホタテのソテーの上に珍しい野生種のアスパラがのる前菜の一例。旬の素材が皿を美しく彩る

↑白と茶を基調に木材
をふんだんに使った落
ち着いたインテリア

↑コースの一例。季
節の素材を使ったパ
スタが楽しめる

55

一度は試したい地元グルメ
クセになる味わい
絶品ソウルフード

北海道遺産に認定されたジンギスカンや
全国に人気が広がるスープカレーとラーメン。
道民の心に刻まれた郷土の味を楽しみたい。

ジンギスカン
中央が凸型の鍋で
羊肉を焼く。
ジンギスカンは、
独特の様式で育まれ、
愛されてきた。

札幌 ● 食べる

サッポロビール園
サッポロビールえん

東区 **MAP** 付録P.7 E-1

北海道開拓使の歴史に
思いを馳せながら味わう

サッポロビール発祥地にある赤レンガの建物で、名物のジンギスカンやカニ、ジャガイモ、チーズ、自慢の生ビールが味わえる。多くの人が訪れる北海道随一の飲食施設だ。

☎0570-098-346
㊟札幌市東区北7東9-2-10 サッポロガーデンパーク内 ⏰11:30〜21:00(LO20:40) ㊡無休 ㊍JR札幌駅から北海道中央バス・サッポロビール園直行便、終点下車、徒歩1分 Ｐ150台

トラディショナルジンギスカン焼野菜セット1780円(1人前)

⤵明治の面影を残す、趣ある赤レンガの建物

ジンギスカン
成吉思汗1280円(1人前)
毎日仕入れる新鮮なマトン。しっかり加熱された鍋の上で焼くと、脂分がほどよく飛び、旨みが増す

成吉思汗 だるま本店
じんぎすかん だるまほんてん

すすきの **MAP** 付録P.11 E-3

創業60年以上の有名店
特製ダレが肉と相性抜群

昭和29年(1954)創業の名店。肉はU字型カウンターに置かれた七輪で炭火焼きする。マトンは毎朝開店前に仕入れ、ひとつひとつていねいに手切りする。創業以来門外不出という秘伝のタレは格別な味。

☎011-552-6013
㊟札幌市中央区南5西4 クリスタルビル1F ⏰17:00〜23:00(LO22:30) ㊡無休 ㊍地下鉄・すすきの駅から徒歩4分 Ｐなし

予約 不可
予算 2500円〜

⤴U字型のカウンターで七輪で食べるのがだるま流
⤴ピリリと辛みのある「ママの手作りキムチ」385円
⤴すすきのの名店。外まで行列ができる

ラムジンギスカン
焼野菜セット1730円(1人前)
肉の旨みが野菜に溶け出す。秘伝のタレはラムに合うよう風味豊かに仕上げ、おいしさを最大限に引き出す

予約 可
予算 4000円〜

ふくろう亭
ふくろうてい

中島公園周辺 **MAP** 付録P.11 F-4

やわらかな肩ロースのみの羊肉を
スパイス調合の特製ダレで
ラム肉はオーストラリア産の肩ロースにこだわる。やわらかく、脂の少ない部位だ。醤油、にんにく、しょうがに十数種のスパイスを調合した自家製ダレが、肉の甘みを引き出す。

☎011-512-6598
🏠札幌市中央区南8西5
🕐17:00～22:30 🈳月曜
🚃地下鉄・中島公園駅から徒歩7分 🅿なし

予約	望ましい
予算	3000円～

生ラムジンギスカン1300円
鉄板の上で焼くと違いがはっきり。脂身が少なく、やわらかい肩ロースは旨みがじわり。箸が止まらなくなる

⬆包丁の入れ方ひとつで肉の味にも違いが出る。舌で感じてみたい

➡こだわりの肉を求め遠方からの常連も

⬆開放的な店内で北海道の郷土料理を堪能しよう

ツキサップ
じんぎすかんクラブ

豊平区 **MAP** 付録P.3 E-3

緑豊かなオープンテラスで
本格マトンとワインを楽しむ
昭和28年(1953)からマトンにこだわったジンギスカンを提供。目の前は牧草地で、冬は一面白銀の世界。大自然を肌で感じながら伝統の味を堪能できる。

☎011-851-3341
🏠札幌市豊平区月寒東3-11-2-5 八紘学園農場内 🕐11:00～20:00(木曜は17:00～) 🈳水曜、第3火曜 🚃地下鉄・福住駅から車で10分 🅿30台

予約	不可
予算	2500円～

⬆大自然の美しい立地。食も景色も北海道らしさ満載だ

⬆木のぬくもりが感じられる落ち着いた室内席のほか、テラス席も備える

ジンギスカン1800円(1人前)
マトンは七輪の炭火で焼き、秘伝のスパイシーなタレで。シンプルなだけに飽きがこず、また訪ねたくなる

北海道産ひつじ肉
炭火兜ひつじ
ほっかいどうさんひつじにくすみびかぶとひつじ

中島公園周辺 **MAP** 付録P.11 E-2

羊専門の焼肉店で
希少な道産羊肉を堪能
提携の牧場から羊をまるごと一頭仕入れるため、タンやホルモンなどの珍しい部位を食べることができる。また野菜も農場から仕入れているので素材の旨みを味わえる。

⬆開放的な空間の店内。個室も用意している

☎011-522-5323
🏠札幌市中央区南63Takaraビル1階 🕐18:00～翌0:00(LO23:00) 日曜、祝日17:00～24:00(LO23:00) 🈳無休 🚃地下鉄南北線すすきの駅から徒歩4分 🅿なし

予約	可(要予約)
予算	7000円～

道産ひつじの肩ロース2640円
一頭の子羊からわずかしか取れない希少部位

スープカレー

札幌発祥で、大きな具が入ったスパイスいっぱいのさらさらスープは「薬膳」がルーツ。

↑インドテイスト満載の店内にはスパイスの香りが漂う

札幌●食べる

マジックスパイス 札幌本店

マジックスパイス さっぽろほんてん

白石区 **MAP** 付録P.3 E-3

おいしく食べてデトックス
元気になれる香辛料の世界

「医食同源」「元気になるカレー」をコンセプトにスープカレーを考案しブームを生んだ。卓上のスパイス(辛み、酸味、カレー風味)も使ってみよう。

☎011-864-8800
所札幌市白石区本郷通8南6-2 営11:00～15:00(土・日曜、祝日は～22:00) 17:30～22:00 休水・木曜 交地下鉄・南郷7丁目駅から徒歩2分 P18台

←地下鉄の駅からも近い住宅街の中にあり、駐車場も多い

フランクながいカレー 1320円(税別)
(写真は辛さ「涅槃」で+230円)
長さ30cmほどの特製フランクフルトがのるメニュー。辛さは選択でき、覚醒(+80円)～虚空(+290円)まで7段階

↑旬の野菜やチキンがのる札幌本店限定の「北恵道」1360円(税別)(写真は辛さ「覚醒」で+80円)

スープカレーGARAKU 札幌本店

スープカレーガラク さっぽろほんてん

大通公園周辺 **MAP** 付録P.10 C-2

行列のできる人気店
楽しく味わえるメニューが豊富

香り・清涼感を重視し、独自に配合した21種類のスパイスをスープに使用。コクのあるスープが楽しめ、スタッフの元気が心地よい人気店。特製ラッシー(7種・各390円)もおすすめ。

☎011-233-5568
所札幌市中央区南3西2-2 おくむらビルB1 営11:30～15:30(LO15:00) 17:00～21:00(LO20:30) 日曜、祝日11:30～22:00(LO21:30) 休不定休 交地下鉄・大通駅から徒歩3分 Pなし

←ビルの地下1階に店を構える

←大通公園や狸小路からもアクセスしやすい立地にある

とろとろ炙り 焙煎角煮 1390円
ゴロっとしたやわらかで香ばしい角煮がのった人気メニュー。辛さは 1～40まで。6～19はプラス110円、20～はプラス210円

↑かみふらのポークの豚しゃぶと7種のきのこの森1390円

ラーメン

札幌で知る注目の味。
並んででも食べる
価値のある
名店・人気店を厳選。

麺屋 彩未

めんや さいみ

豊平区 **MAP** 付録P.3 D-3

➡カウンター席のほかにテーブル席もある

札幌ラーメン界のトップをいく 2000年創業の超人気店

全国各地から、王道の札幌味噌ラーメンの味を求めて行列ができる人気店。「すみれ」で修業した店主が創意工夫を凝らし作り上げたラーメンは、並んででも食べたい逸品だ。

☎011-820-6511
🏠札幌市豊平区美園10-5-3-12 🕐11:00〜15:15(LO) 17:00〜19:30(LO)(火〜木曜夜の部休み) 🈳月曜、ほか月2回不定休 🚃地下鉄・美園駅から徒歩5分 🅿27台

➡行列必至の人気店。混雑を避けたいなら14:30頃が目安

➡岩海苔の香りが食欲をそそる、ほどよい辛さの辛正油らーめん950円

味噌らーめん 900円
まろやかな味噌の旨みが伝わるスープ、具の香ばしさ、コシのある中太縮れ麺、しょうがのキレが魅力の王道の味

すみれ 札幌すすきの店

すみれ さっぽろすすきのてん

すすきの **MAP** 付録P.11 D-2

札幌の味噌ラーメンを 全国に広めた重鎮的存在

黄色い中太縮れ麺、濃厚なアツアツの味噌のスープ…という、札幌味噌ラーメンの人気を全国に広めた店。夜遅くまで営業しているので、酒を楽しんだあとにも立ち寄れる。

☎011-200-4567
🏠札幌市中央区南3西3-9-2 ピクシスビル2F 🕐17:30〜翌0:30(LO) 🈳不定休 🚃地下鉄・すすきの駅から徒歩1分 🅿なし

➡すすきの交差点からも近いビルの2階にある

➡店に入るとカウンター席があり壁には著名人のサインがズラリ

味噌ラーメン 900円
濃厚なスープにコシのある中太縮れ麺が絡む、これぞ札幌の味噌ラーメンという、すみれの伝統メニュー

BAR一慶
ばーいっけい

MAP 付録P.11 E-3

次世代の「新しいバー文化」
創造を目指す店

「一日の終わりにたどり着く場所」
がコンセプト。ノーチャージ制で
若い世代への間口を広げている。
周囲の人が視界に入らない弧を描
く形のカウンター、控えめな照明
が非日常空間を演出してくれる。
☎011-563-0017
所札幌市中央区南6西4ジャスマックサッ
ポロ2F 営18:00〜翌3:00(日曜、祝日〜
翌2:00)※LO閉店の1時間前 休無休(イ
ベント、貸切、出張時を除く)交地下鉄・
すすきのの駅から徒歩5分

→ BAR一慶オ
リジナル積丹
GINジントニッ
ク2090円

→ 海洋熟成させた
お酒が自慢

→ BAR一慶は映画『探偵はBARにいる』のバーシー
ンを監修、演技指導をしたマスターの店

札幌●ナイトスポット

扉の向こうに広がる
大人のための空間

すすきので
癒やしの一杯

国内有数の歓楽街には大人が訪れるにふ
さわしい店がある。旅の夜を特別な時間に
変える、都会の隠れ家へようこそ。

→ 入った瞬間に「非日常」を感じられる場所づく
りを意識している

北海道産酒BAR
かま田
ほっかいどうさんしゅバーかまだ

MAP 付録P.11 D-3

オールジャンルで北海道産の
酒が揃い、フードも充実

道産酒専門の本格的BAR。地酒、焼
酎、ワイン、ビールなど300種類以
上が揃う。特に限定酒、季節酒が豊
富で、地元素材を生かした酒の肴も
充実しており、酒のプロがお好みの
酒をチョイスしてくれる。

→ 二世古酒造(倶知
安町)「青:彗星特別
純米」1杯125cc、
880円

→ さほろ酒造(新得
町)の本格麦焼酎「十
勝無敗」1杯90cc、
880円

☎011-233-2321
所札幌市中央区南4西4MYプラザビル8F
営18:00〜翌1:00(LO24:00、ドリンクLO
翌0:30) 日曜、祝日は17:00〜24:00
(LO23:00、ドリンクLO23:30) 休不定
休交地下鉄・すすきのの駅から徒歩2分

→ 暗めの照明、黒を基調とした落ち着いた店内で道産酒を楽しむ

アイスクリームBar HOKKAIDOミルク村

アイスクリームバー ホッカイドウミルクむら

MAP 付録P.11 D-2

アイスをお酒の香りとともに楽しむ大人の味覚

パリでパティシエをしていた店長が、現地で作っていたアイスクリームやクレープを再現。北海道産の牛乳を使い自店で作るアイスにリキュールをかけて楽しむ、大人の味が魅力。

☎011-219-6455
🏠札幌市中央区南4西3 ニュー北星ビル6F
🕐13:00（水曜17:00）〜23:30（LO23:00）※状況によりLOが早まる場合あり　🗓月曜
🚃地下鉄・すすきのの駅から徒歩1分

⬆アイスにリキュール3種とコーヒーが付くBセット「シェルトワ」1500円

⬆アイスにリキュール2種、クレープ、キヌア、ラムあずき、ヨーグルト、コーヒーが付くAセット「ダルジャン」1500円

⬆かわいらしい色使いやイルミネーション、装飾が施された店内

最後はパフェが札幌スタイル

札幌グルメの新定番!

夕食後のお楽しみ シメパフェ

海鮮料理や寿司、フレンチ&イタリアンなど多彩な魅力を持つ札幌のグルメシーンに新たな定番が登場。夕食後の「シメ」として楽しむ札幌のパフェは、創意に富んだアートな盛り付けにも注目してみたい。

Parfaiteria PaL

パフェテリア バル

すすきの **MAP** 付録P.11 D-2

旬が大切なのでパフェはすべて期間限定

生のフルーツをふんだんに使ったソルベやジェラートなど、フレンチのデザートのようなシメパフェが味わえる店。飲んだあとでもさっぱり食べられるよう、甘さは比較的控えめ。パフェとドリンクとのセットはプラス250円。

☎011-200-0559
🏠札幌市中央区南4西2 南4西2ビル6F
🕐18:00〜24:00（金・土曜、祝前日は〜翌2:00）※LO閉店の30分前
🗓不定休　🚃地下鉄・すすきの駅から徒歩3分

⬆ピスタチオとチョコレートのパフェ1250円

⬆竹炭メレンゲが印象的なすすきのバナナ男爵1550円

⬆ホワイトチョコで作られた白鳥が美しい越冬白鳥1850円

⬆木を生かしたナチュラルでシックな大人の雰囲気

⬆並んででも食べたい楽しくリッチな味がここに

アーケード街は夜がいっそう楽しい

狸小路で個性派酒場巡り

たぬきこうじ

買い物客であふれる昼の顔から、グルメが集まる夜の顔へ。
光に誘われ賑わいを求めて、ぶらっと歩き、食べて飲む。

北海道食材を愛し、育む食通を唸らせる店が揃う

道産食彩HUGイート

どうさんしょくさいハグイート

MAP 付録P.10 C-3

道産食材を満喫できる店が軒を連ねる。各店で食べるも良し、センターテーブルで食べ比べをするも良し。メニューは各店店主の個性にあふれている。

☎店舗により異なる
㊟札幌市中央区南2西5(狸小路5丁目内)
🕐11:00～22:00(店舗により異なる) ㊡店舗により異なる ●地下鉄・大通駅／すすきのの駅から徒歩5分 Ｐなし

貝鮮炭焼 大厚岸

かいせんすみやき だいあっけし

| 予約 | 不要 |
| 予算 | 700円～ |

厚岸直送の新鮮カキ炭焼きでとことん味わう

店主の地元・厚岸産のカキ料理を中心とした炭焼き店。アサリやツブ、サンマやホッケなど北海道の魚介を存分に楽しめる店だ。

☎011-211-1324 🕐11:00～14:00、17:00～21:00(LO) ㊡木曜

札幌焼鳥ばんぶう

さっぽろやきとりばんぶう

炭火でプリプリ道産鶏厳選塩で極上焼鳥を

北海道産の新鮮肉をこだわりの天日塩で炭焼きしている。手ごろなランチもボリュームたっぷりで提供。コスパも味も大満足の店だ。

☎011-219-1686 🕐11:00～14:00、17:00～21:00(LO) ㊡水曜

| 予約 | 望ましい |
| 予算 | 1500円～ |

⬆とり、もつ、ひなどり、豚、つくねのお得セット

⬆道産の酒蔵で造られた日本酒も多く揃う

⬆カウンターは8席。共用スペースで食べてもOK

⬆ランチではもりそばも楽しめる

⬆カウンターは9席。子連れも大歓迎

⬆カキは焼くと味が凝縮され濃厚に

⬆カキフライ定食はご飯・味噌汁・漬物付きで1480円

バーやカフェ、軽食まで
店がひしめくグルメ館

TANUKI SQUARE
タヌキ スクエア

MAP 付録P.6B-3

狸小路の外れ、7丁目にあるグルメビル。バーやカフェ、ビアガーデンまで、多彩な店が楽しい夜を演出してくれる。

☎店舗により異なる
所札幌市中央区南3西7(狸小路7丁目内)
営休店舗により異なる 交地下鉄・大通駅／すすきの駅から徒歩8分 Pなし

ラ・ジョストラ

イタリアのバールを再現
定番の家庭料理をぜひ

イタリアでホームステイをしていた店主が、本場のバールを再現。現地の家庭料理を提供している。

☎011-233-5110 営14:00〜翌0:30 休火曜

⬆イタリアの郷土料理が楽しめる前菜盛り合わせ2500円〜(4人分)

予約 望ましい
予算 1500円〜

⬆エゾ鹿のポアレ・ハスカップソース2800円

ビストロ清水亭
ビストロしみずてい

何度も通いたくなる
大人の小レストラン

予約 望ましい
予算 4000円〜

フレンチ出身のシェフが道産食材をふんだんに使った料理を振る舞う。居心地のよさから常連も多い。

☎090-1307-1372
営16:00〜22:00(LO21:00)
休日曜ほか、不定休あり
※禁煙

⬅一人でも気軽に食事ができるカウンター席も用意する

ホットケーキ各750円
裏表、間にもたっぷりバターをぬって6等分。メープルシロップをかけていただける

スイーツから軽食まで
幅広いメニューを用意
六花亭 札幌本店
ろっかてい さっぽろほんてん

札幌駅周辺 **MAP** 付録P.8 C-4

北海道の人気菓子メーカー、六花亭の札幌本店。1階では人気商品が買えるほか、2階ではスイーツやピザが楽しめる。

☎0120-12-6666
所札幌市中央区北4西6-3-3 営1F販売店10:00～17:30、2F喫茶室10:30～16:30（LO16:00）※季節により異なる 休喫茶室は水曜 交JR札幌駅から徒歩3分 Pなし

↑北5条手稲沿いにある札幌本店。ギャラリー、ホールなども併設

↑白を基調とした明るい2階喫茶室。デザートやピザなどが味わえる

銘菓で知られる、あの店のとっておき
メーカー直営カフェの
ご指名スイーツ

ミルクや小麦など、北海道はスイーツ原料の一大生産地。大定番メーカーならではの、素材を生かした贅沢なスイーツを楽しみたい。

よつ葉のふんわりけずりバターパンケーキてん菜糖蜜添え1050円
ミルク風味のパンケーキによつ葉バターを添えて

安心・安全な
よつ葉の乳製品が楽しめる
ミルク＆パフェ
よつ葉ホワイトコージ
札幌ステラプレイス店
ミルク＆パフェよつばホワイトコージさっぽろステラプレイスてん

札幌駅周辺 **MAP** 付録P.8 B-2

北海道を代表する乳業メーカー・よつ葉乳業直営のデザートカフェ。ソフトクリームたっぷりのパフェやもっちり焼き上げたパンケーキ、乳製品を使用した食事メニューが人気。

☎011-209-5577
所札幌市北区北5条西2丁目札幌ステラプレイス センターB1 営10:00～21:00（LO20:00) 休札幌ステラプレイス休業日に準ずる 交JR札幌駅直結 Pなし
↑白を基調とした、明るく清潔で居心地のよい店内

たっぷりいちごと練乳のこく甘パンケーキ1200円(上)
贅沢抹茶とあずき香る和風パンケーキ1150円(下)
もっちり生地のパンケーキは全10種とバリエーション豊富

北海道産かぼちゃとあずきの和風モンブランパフェ1200円(左)
4種のベリーとピスタチオクリームのパフェ1200円(右)
乳製品を贅沢に使い、華やかに仕上げたプレミアムなパフェ

よつ葉の白いパフェ900円
よつ葉のソフトクリームと生クリームを存分に楽しめる真っ白なパフェ

オリジナルの
おみやげなども揃う
雪印パーラー 本店
ゆきじるしパーラー ほんてん

札幌駅周辺 **MAP** 付録P.9 D-2

古くから札幌の人たちに愛される
パーラー。アイスクリームは
変わらぬ製法で伝統の味を守る。
レストランではパフェ、パンケ
ーキのほかドリンクも楽しめる。

☎011-251-7530
所札幌市中央区北2西
3-1-31 営10:00～
19:00(LO18:30)
休無休 交JR札幌駅か
ら徒歩5分 Pなし

➔入ってすぐが売店、
奥が喫茶店

スノーロイヤル ストロベリーパフェ
1280円(左)
生チョコティラミスパフェ1480円(右)
伝統のバニラアイスや生チョコを使ったパ
フェも楽しめる

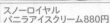
スノーロイヤル
バニラアイスクリーム880円
昭和43年(1968)・昭和天皇・皇后両陛
下のために作られた、乳脂肪分15.6%
のバニラアイスクリーム

SIROYAのクレーム
ダンジュ980円
北海道産のフロマージュブ
ランを使用したオリジナル
メニュー。ふわふわ食感が
たまらない

パフェ(ストロベリー/
チョコレート)各980円
「白い恋人ソフトクリーム」を使った
ストロベリーとチョコレートの2種類
のオリジナルパフェ

「白い恋人」でおなじみの
ISHIYAが営業するカフェ
菓子と喫茶 SIROYA
かしときっさ シロヤ

大通公園周辺 **MAP** 付録P.9 F-3

「パフェ」やここでしか食べるこ
とのできない「クレームダンジュ」
などのスイーツから、パスタやプ
レートなどの食事メニューも用意。

☎080-8286-3289
所札幌市中央区大通西4-6-
1 札幌大通西4ビルB2 営
10:00～20:00(LO19:30)
休無休 交地下鉄・大通駅
から徒歩1分 Pなし

➔広々とした店内で
ゆっくり過ごすこと
ができる

ご指名スイーツ

大通公園そばの
スイーツスポット
きのとや大通公園店・
KINOTOYA cafe
きのとやおおどおりこうえんてん・キノトヤカフェ
大通公園周辺 **MAP** 付録P.9 F-2

大通公園の北向かいのビル「大通ビッセ」の1階に
あるケーキや焼き菓子など豊富な品揃え。店内に
はイートインスペースもある。

☎011-233-6161
所札幌市中央区大通西3-7 大通ビッセ1F 営10:00～20:00
休無休 交地下鉄・大通駅から徒歩1分 Pなし
※電話番号・営業時間は店舗により異なる

➔暖かい季節には駅前通り側に
オープンカフェスペースが

ユートピアのおいしい放牧
牛乳ソフト400円
直営牧場の放牧牛乳を使用
したソフトクリーム。口当
たりなめらかで牛乳の濃厚
さがありながらも後味さっ
ぱり

オムパフェ669円
ふんわりオムレット生
地の中にカスタードク
リーム&生クリーム、
つぶ餡、求肥を詰め、フ
ルーツを飾った大通公
園店限定メニュー

歴史ある建物を利用した憩いの空間でひと休み

時を忘れレトロカフェに籠もる

築約70年の昭和が香る空間

森彦
もりひこ

円山 **MAP** 付録P.5 D-3

北海道神宮の杜の近く、札幌では珍しい細い路地にひっそりたたずむ2階建ての木造民家を店舗に利用。ていねいにネルドリップで抽出されたコーヒーをゆっくりと味わってみたい。

1.店は築約70年の木造民家。インテリアはオーナーのセレクトでこだわりの空間を演出　2.暖簾が掛けられたレトロな入口　3.緑に包まれた癒やしの空間　4.北海道産のチーズや小麦粉をふんだんに使った一番人気のガトーフロマージュ500円 5.限定ブレンド「森の雫」830円。※すべて税抜価格

☎0800-111-4883
札幌市中央区南2西26-2-18 ⏰9:00～20:00(LO19:00) 休無休 地下鉄・円山公園駅から徒歩4分 ℗9台(他店舗と共用)

明治から昭和にかけて建てられた古民家や石蔵、歴史的建造物を
利用したカフェを訪ね、コーヒーを片手に街が重ねた歴史に浸ってみたい。

時を忘れレトロカフェに籠もる

炭火自家焙煎にこだわる一杯を
サッポロ珈琲館 北円山店
さっぽろこーひーかん きたまるやまてん

円山 MAP 付録P.5 E-1

築80年の古民家を再利用。コーヒーは
厳選した輸入豆からすべてネルドリッ
プで抽出。午前は世界各国のストレー
トを、午後はハウスブレンドと、違っ
た味を楽しめる。

1.昭和初期に建設された木造住宅を再利用。当時の造りを生かした内装か
らは、モダンな雰囲気が漂ってくる 2.緑いっぱいで隠れ家のような店舗
2.窓からあたたかい光が差し込む窓際の席 4.茶筅でたてた水出し珈琲に
オリジナルのお茶うけを付けた茶道風のセットも用意 5.エスプレッソ・
モカチーノワッフルは775円

☎011-615-7277
所札幌市中央区北6西20-1-5
営9:00~19:00(フードL018:00、
ドリンクL018:30) 休月曜(祝
日の場合は翌日) 交地下鉄・西
18丁目駅から徒歩10分 P10台

札幌●歩く・観る

北海道らしい風景に点在する芸術作品が映える

壮大な作品が大地を飾る
アートがある公園

街なかから少し離れると、公園その
ものをアートとして楽しめる場所が
点在する。北海道の広大な自然と
彫刻美術を堪能しよう。

壮大なスケールの自然と
安藤忠雄の設計美が光る

真駒内滝野霊園
まこまないたきのれいえん
南区 **MAP** 付録P.2 C-4

札幌ドーム32個分、約180万㎡の敷地
を持つ霊園公園。総面積の60%以上
が公園や散策路などの緑地帯になって
おり、花や木々に囲まれた癒やしの空
間となっている。園内には安藤忠雄氏
作の「頭大仏」をはじめ数々の建築・
彫刻作品が置かれ、四季折々の風景
と洗練された芸術を同時に楽しめる。

☎011-592-1223　所札幌市南区滝野2　開
頭大仏拝観9:00〜16:00(11〜3月は10:00〜
15:00)　休無休　料300円　交地下鉄・真駒
内駅から中央バス・真108滝野線で真駒内滝野
霊園(頭大仏)下車すぐ　P382台

注目
ポイント

自然と芸術で感性に訴える安藤忠雄氏
独学で建築を学び、国内外に多くのファ
ンを持つ建築家。「光の教会」や「淡路夢
舞台」のような、建築と自然を巧みに掛
け合わせた作品を多く生み出している。

頭大仏
あたまだいぶつ
ラベンダーの丘から
高さ13.5mの巨大な大
仏の頭がのぞく。大
仏殿からは全体を仰
ぎ見ることができる。

水庭
みずにわ
水が張られた神
聖な空間を通る
ことで、心を清め
るという意味が
込められている。

グルメスポット

Rotunda Cafe & Store

ロタンダ カフェ & ストア

頭大仏殿内にあるカフェ。コーヒーなどのドリンクのほか、ここでしか買えない頭大仏のオリジナルグッズも豊富。

南区 **MAP** 付録P.2 C-4　▶拝観前後にスイーツでひと休み

☎011-592-1223

🕘9:00〜16:00、11〜3月 10:00〜15:00 ※LOは閉店30分前 休無休

⊕ここでしか買えない頭大仏グッズも販売

ストーンヘンジ

イギリスの世界遺産・ストーンヘンジを模したもので、永代供養墓が併設されている。

モアイ像

モアイぞう

「未来」と「生きる」という意味を持つ「モアイ」。正面入口にずらりと並ぶモアイ像は、大きいもので9.5mもの高さ。

モアイ像のベンチ

園内には、モアイ像が支えるなんともシュールなベンチが。

美しい四季の園内に注目!!

園内の花や木々は季節に合わせて色合いを変え、四季を通してさまざまな景観が楽しめる。また、お盆の時期には御霊祭が行われ、例年8月16日には施設や園路に明かりが灯り、盛大な花火が打ち上がる。

アートがある公園

イサム・ノグチが設計を手がけた
全体がひとつの作品のような公園

モエレ沼公園
モエレぬまこうえん
東区 **MAP** 付録P.3 F-1

© NAMIKI Hiroo

世界的にも著名な彫刻家イサム・ノグチが基本設計を手がけた公園。昭和57年(1982)に着工し2005年グランドオープン。敷地内に幾何学形体を多用した山や噴水、遊具などの施設が整然と並び、自然とアートが融合した景観を楽しめる。

☎011-790-1231 ㊟札幌市東区モエレ沼公園1-1 ㉑7:00〜22:00(入場は〜21:00) ㊡施設により異なる ㉓無料 ㊩地下鉄・環状通東駅から北海道中央バス・中沼小学校通・あいの里教育大駅行き、モエレ沼公園東口下車、徒歩10分 Ⓟ1500台

大地までも彫刻したイサム・ノグチ
米仏で彫刻を学び、戦後、東西の芸術精神を融合した彫刻や、庭園制作を手がけた世界的な彫刻家。「大地を彫刻する」夢は、昭和63年(1988)、初訪の札幌で公園の設計を担当することで実現した。
➡関連書籍なども販売する

プレイマウンテン

「大地を彫刻した」ともいえる作品。白い一本の道が頂上へと続いている。

サクラの森
サクラのもり

桜に囲まれた遊び場。126基の遊具はイサム・ノグチがデザイン。

モエレビーチ

海辺をイメージして造られた子どもたちのための水遊び場(6月中旬〜9月上旬)。

写真提供:モエレ沼公園

ガラスのピラミッド
公園を象徴するモニュメント。自然と一体化した美しいガラスの建築物だ。

海の噴水
うみのふんすい
間欠泉のように水が最大25mまで噴き上がる(4月下旬〜10月下旬)。※2023年12月現在故障のため停止中

グルメスポット

panier
パニエ
手軽さがうれしい食事や飲み物がテイクアウトできるショップ。

東区 **MAP** 付録P.3 F-1

☎011-791-3255(L'enfant qui reve) ㉑11〜17時(変更の場合あり) ㊡月曜(祝日の場合は翌平日)

◆ガラスのピラミッド内にある

◆ランチボックスは850円

ミュージックシェル
コンサートや舞踊のパフォーマンスの舞台として使える真っ白なモニュメント。

テトラマウンド
直径2mの円柱を三角に組み上げたダイナミックなモニュメント。

札幌●歩く・観る

展覧会が開催されるアートの森
野外美術館は彫刻が多数

札幌芸術の森

さっぽろげいじゅつのもり
南区 **MAP** 付録P.2 C-4

企画展を開催する屋内美術館や自然の
なかで彫刻作品を楽しめる野外美術館、
クラフト体験に参加できる工房などの施
設が点在。四季に合わせたイベントも。

☎011-592-5111 **所**札幌市南区芸術の森
2-75 **時**9:45〜17:00(入場は〜16:30)6〜
8月は〜17:30(入場は〜17:00) **休**11月5日
〜4月26日の月曜(祝日の場合は翌日)、野外
美術館は11月5日〜4月26日休館 **料**野外美
術館700円、佐藤忠良記念子どもアトリエを
含む **交**地下鉄・真駒内駅から北海道中央バ
ス空沼線・滝野線、芸術の森入口下車 **P**
561台(有料)

札幌芸術の森美術館
さっぽろげいじゅつのもりびじゅつかん
多種多様な展覧会が行
われている美術館。

椅子になって休もう
いすになってやすもう
福田繁雄作。座った自分も誰か
の椅子にという思いが芸術に。

佐藤忠良記念子どもアトリエ
さとうちゅうりょうきねんこどもアトリエ
佐藤忠良の彫刻や『大きなカブ』のレリーフ。

**野外美術館の
シンボルレリーフ**
やがいびじゅつかんのシンボルレリーフ
向井良吉作。野外美術館の入口
壁面を軽やかに彩る。

札幌軟石の採石場が
アーティスティックな公園に

石山緑地

いしやまりょくち
南区 **MAP** 付録P.2 C-4

国道453号沿いに位置する南区の石山
緑地は、かつて札幌軟石が産出された
場所。北海道在住の彫刻家集団「サン
ク」による造形空間が広がっている。

☎011-578-3361(藻南公園管理事務所) **所**
札幌市南区石山78 **時**見学自由(駐車場は7:
00〜21:00) **休**11月下旬〜4月中旬 **料**無
料 **交**地下鉄・真駒内駅から北海道中央バス
／じょうてつバス・石山東3丁目下車、徒歩4
分 **P**あり

赤い空の箱
あかいそらのはこ
緑の木々の中に立
つジャングルジムの
ようなオブジェ。

ネガティブマウンド
石山緑地を代
表する空間。コ
ンサートなどに
利用できるコロ
シアム仕様。

アートがある公園

71

昼と夜、
2つの絶景と
出会う

日中には緑に包まれた市街、夜には街の明かりを楽しめる眺望抜群のスポットが点在する札幌。魅力的な景観が広がる絶景スポットから、美しい街を一望しよう。

美しい街を見渡す展望スポット

札幌駅
さっぽろえき

高くそびえるビルがJRタワー。近くに高い建物がないのですぐわかる。

大通公園
おおどおりこうえん

大倉山展望台からはほぼ正面に見える大通公園。さっぽろテレビ塔が目印。

北海道大学
ほっかいどうだいがく

札幌駅の左、北側に見える。夜の光のなかでは暗い森のようだ。

大倉山展望台
おおくらやまてんぼうだい

大倉山 **MAP** 付録P.2 B-2

ジャンプ台の上から
夜景も見られる展望スポット

2人乗りリフトで約6分、ジャンプ台の上約300mの場所にある山頂展望台は圧巻の眺めで、夜には札幌の街の光が集まる夜景を楽しむことができる。麓にはレストランなどもある。

☎011-641-8585 所札幌市中央区宮の森1274 営9:00〜17:00 休イベント大会開催時 料リフト片道500円、往復1000円、札幌オリンピックミュージアム600円、セット券1300円 交地下鉄・円山公園駅からジェイ・アール北海道バス「くらまる号」大倉山ジャンプ競技場下車すぐ P113台

↑スキージャンプ台越しに夜景が広がる展望台

↑疑似体験もできる札幌オリンピックミュージアムも併設

↑ジャンプ台斜面の横を上る

さっぽろ羊ヶ丘展望台
さっぽろひつじがおかてんぼうだい

豊平区 **MAP** 付録 P.3 E-4

札幌の牧歌的な自然風景と資料館などを見学

敷地内には、かの有名なクラーク博士像やさっぽろ雪まつり資料館、クラーク記念館のほか、北海道日本ハムファイターズ記念プレートもある。

☎011-851-3080　🏠札幌市豊平区羊ヶ丘1
🕘9:00～17:00(季節により変動あり)　休無休
¥600円　🚃地下鉄・福住駅から北海道中央バス・羊ヶ丘展望台行き、終点下車すぐ　P 100台

↑さっぽろ雪まつり資料館では、さっぽろ雪まつりの雪像模型が多く展示され、歴史を知ることもできる

↑↑羊ヶ丘レストハウスではジンギスカンも楽しめる(下)。特選ラムジンギスカン2200円(右)

↑天気によっては放牧された羊を見ることができる

↑みやげ店やソフトクリーム売り場があるオーストリア館

↑オーストリア館裏のラベンダー畑は7月中旬が見頃

↑クラーク博士像の試作中の右手などが展示してあるクラーク記念館

クラーク博士像
クラークはかせぞう

台座は「大志の誓い」用紙(100円・管理事務所で購入)の投函用ポスト。

札幌ドーム
さっぽろドーム

羊ヶ丘展望台から見渡す景色でひときわ目立つ。ドームの形全体が見られる。

BOYS, BE AMBITIOUS

札幌駅
さっぽろえき

左側奥に見えるのが札幌駅周辺。藻岩山山頂からもくっきり見られる。

幸せの鐘
しあわせのかね

藻岩山山頂にある恋人の聖地もロマンティックにライトアップされる。

もいわ山ロープウェイ
もいわやまロープウェイ

藻岩山周辺 **MAP** 付録P.2 C-3

標高531mの藻岩山からはダイナミックな夜景を堪能

ロープウェイとミニケーブルカーを乗り継いで着く山頂からの景色は圧巻。遮るものがない札幌の代表的な夜景スポットだ。また、山頂には眺望を楽しみながら食事ができるレストランもある。

☎011-561-8177 ㊑札幌市中央区伏見5-3-7 ㊒10:30(12〜3月11:00)〜22:00(ロープウェイ上り最終21:30) ㊡悪天時、整備休業あり ㊎2100円(ロープウェイ、ミニケーブルカー往復) ㊋市電・ロープウェイ入口から徒歩10分(15分間隔で無料シャトルバスあり ※平日は17:15〜、土・日曜、祝日は営業時間に合わせて運行) ㊟120台

↑中腹と山頂を駆け抜けるように走るミニケーブルカー

↑昼には藻岩山の緑と賑やかな街並みが見られる

↑「ザ・ジュエルズ」ではディナーコース5800円〜(税別)もある

↑幸せの鐘の前に取り付けられる「愛の鍵」

JRタワー展望室 タワー・スリーエイト
ジェイアールタワーてんぼうしつ タワー・スリーエイト

札幌駅周辺 **MAP** 付録P.8B-2

札幌駅直結のため 大パノラマを気軽に楽しめる

最上部38階・160mからは、北に小樽、東に夕張岳を眺められる。四方それぞれで違った街並みを望むことができ、碁盤の目のような景色が光を集めて輝く。環境音楽と間接照明がムード満点。コーヒーやお酒も楽しめるカフェも。

☎011-209-5500 ㊟札幌市中央区北5西2-5JRタワー38F ㊟10:00〜22:00(最終入場21:30) ㊟無休 ㊟740円 ㊟JR札幌駅直結 ㊟あり(有料)

↑日中と夜では違った雰囲気を楽しめる

↑景色を見下ろしながら用をたせる、絶景男性トイレ

↑軽食やスイーツ、夜はバーとして楽しめるカフェ

↑ドリンク片手に窓際でゆっくりと過ごせる

ノルベサ屋上観覧車 「nORIA」
ノルベサおくじょうかんらんしゃ「ノリア」

すすきの **MAP** 付録P.11D-3

街の真ん中にある ビルの屋上の大観覧車

地上78mにも達する札幌初の屋上観覧車。一周の所要時間は約10分。ゴンドラからは、すすきのエリアや札幌駅周辺エリアを一望することができる。ゆっくり空中散歩を楽しもう。

☎011-261-8875 ㊟札幌市中央区南3西5-1-1ノルベサ7F ㊟11:00〜23:00(最終受付22:50) 金・土曜、祝前日11:00〜翌1:00(最終受付24:50) ㊟無休 ㊟800円、2周1000円 ㊟地下鉄・すすきの駅から徒歩2分 ㊟なし

↑ビルが立ち並ぶ札幌市街の中にある

↑北の歓楽街「すすきの」の交差点のネオンもよく見える

↑商業施設の屋上にあり、観覧車もライトアップされる

↑天気が良ければ遠く石狩方面まで見渡すことができる

美しい街を見渡す展望スポット

街の中心に広がる緑のオアシスを歩く

大通公園
おおどおりこうえん

東西約1.5km、街の中心部に広がる
緑豊かな大通公園は、市民の憩いの場。
四季を彩る花々や各種行事にも注目。

ベンチが噴水を囲むように配置されている西3丁目の憩いの場

↑さっぽろテレビ塔からは大通公園を中心に札幌市街の景色が一望できる

街を東西に貫く緑の公園は
四季折々の花々、イベントも楽しい

　明治4年(1871)、開拓使のある北の官庁街と南の住宅・商業街との間に造られた火防線が始まり。全国約40カ所の公園造りに携わった、近代公園の先駆者・長岡安平により整備され、現在も市内中心部の住所の東西南北の基点となっている。2011年には100周年記念のイベントを行った。公園の東端、さっぽろテレビ塔のある大通西1丁目から西12丁目までの約7.8haの公園では、美しい花壇や芝生、約90種4700本の樹木が見られるほか、YOSAKOIソーラン祭り、雪まつりなど、四季折々のイベントも楽しめる。

大通公園 **MAP** 付録P.9 F-2
☎011-251-0438 　所札幌市中央区大通西1〜12
用入園自由(噴水は4月下旬〜10月下旬の7:00〜21:00 休無休 料無料 交地下鉄・大通駅からすぐ
P なし

美しい四季の風景に注目!!

5月中旬にチューリップ、5月下旬には札幌市の木でもあるライラックが咲き、6月下旬には西12丁目でバラが咲き誇る。秋は紅葉、冬は「ホワイトイルミネーション」と、四季折々の色合いが楽しめる。

街歩きのポイント

西1~12丁目まで東西約1.5km。四季を彩る花を見ながら散策

夏のビアガーデンや秋のオータムフェストなどのイベントも最高!

とうきびワゴンや、噴水、花壇や遊具など、憩える場所が満載

展望台フロア
てんぼうだいフロア

東西南北の窓から景色を楽しめる。長く延びる大通公園の緑が美しい。

147m

札幌市資料館(P.78)から眺める景色も一見の価値あり

90m

3階でさっぽろテレビ塔非公式キャラクター「テレビ父さん」と記念撮影してみたい

11:14
Panasonic

3階スカイラウンジ
さんかいスカイラウンジ

展望台入場券売場はこちら。みやげ店や大通公園が一望できるレストランもある。

LAVATORY ELEVATOR

大倉山ジャンプ競技場も見渡せる
街のシンボルタワー

さっぽろテレビ塔
さっぽろテレビとう

大通公園 **MAP** 付録P.9 F-1

地上90.38mの高さにある展望台フロアからは、眼下に延びる大通公園はもちろん、西に大倉山展望台(P.72)や大倉山ジャンプ競技場、南東に札幌ドーム(P.89)が望める。

☎011-241-1131
所札幌市中央区大通西1 時9:00~22:00(展望台入場券の発券は~21:50、季節により異なる) 休不定休 料1000円(展望台入場料) 交地下鉄・大通駅から徒歩5分 Pなし

テレビ塔限定みやげ

◇テレビ父さん展望台限定ストラップ(ゴールド)

◇デザインがかわいいテレビ塔型の立体マグネット

147.2

◇みやげの定番、札幌テレビ塔メタルキーホルダー

2階レンタルホール
にかいレンタルホール

実はここに会議や展示会、宴会などに使えるレンタルスペースがある。

SAFE

緑あふれる
公園を散策

西1丁目から12丁目まで約1.5km。
まっすぐに延びる公園はゾーンごとに
それぞれ景色もテーマも違うので、
ゆっくりと歩いてみたい。

↑公園内にはいたるところに噴水や花壇がある

おもてなしガイドハウス

大通公園内を案内してくれる「大通公園おもて
なしパークガイド」(大通公園西1丁目)。4月下
旬〜10月の月〜土曜9:30〜12:30実施。前日ま
での申込は☎011-
251-0438(大通公園
管理事務所)、当日
参加は直接ガイドハ
ウスまで。

↑ボランティア
スタッフが案内

〔地図〕

札幌市資料館 ★　サンクガーデン　西11丁目噴水　石山通　黒田清隆之像　プレイスロープ　インフォメーションセンターオフィシャルショップ　西7丁目噴水
若い女の像　マイバウム　ホーレス・ケプロン之像　遊水路　ブラック・スライド・マントラ
地下鉄東西線

西11丁目駅

西13丁目　西12丁目　西11丁目　西10丁目　西9丁目　西8丁目　西7丁目

重要文化財指定の建物

札幌市資料館

さっぽろししりょうかん

大正15年(1926)に、札幌控訴院(高等
裁判所)として建てられた歴史的建造物。
札幌出身の漫画家・おおば比呂司のギャ
ラリーもある。

大通公園 **MAP** 付録P.6A-2

☎011-251-0731　📍札幌市
中央区大通西13　🕐9:00〜
19:00　📅月曜(祝日の場合は
翌平日)　💴無料　🚇地下鉄・
西11丁目駅から徒歩5分　🅿
なし

↑札幌控訴院
時代の法廷も
見学できる

↓入口には剣(正義)、秤(平等)の彫刻も

サンクガーデンゾーン

バラ園が美しい左右対称の広場
東西に流れるカナール(水路)の端に彫
像、南北に約55種のバラが植えられたヨ
ーロッパ庭園のような西12丁目。

↓西洋建築の札幌市資料館の前庭のように見える美しい場所

↓彫刻家・佐藤忠良作の『若い女の像』

歴史・文化ゾーン

れきし・ぶんかゾーン

北海道開拓使の像がそびえる
西10丁目と11丁目には、北海道開拓使
の像や、姉妹都市から贈られた高さのあ
るオブジェが設置されている。

↑明治の頃、北海道
開拓使長官として赴
任した黒田清隆之像

↓札幌の姉妹都市ミュ
ンヘンから贈られ
た祭木「マイバウム」

休憩は とうきびワゴンへ行こう

大通公園の春の訪れを告げるもののひとつ「とうきびワゴン」は、毎年4月下旬～10月中旬に出店（西3・4丁目）。開店時期など詳細は大通公園管理事務所まで。

➲ほんのり醤油味が人気。焼きとうきび（とうもろこし）は1本400円

※価格は変更の可能性あり

⬆ホクホクのじゃがバターも人気。1皿300円。塩付き

立ち寄りスポット

アートが点在する

創成川公園

そうせいがわこうえん

さっぽろテレビ塔の東を通るアンダーパスの地上部にある公園。南北に延びる園内には約30種200本のライラックが植えられ、彫刻作品も18点配置。

大通公園周辺
MAP 付録P.9 F-1

☎011-221-4100 所札幌市中央区北1～南4、西1、東1 開休料入園自由 交地下鉄・大通駅から徒歩5分 Pなし

⬆存在感のある安田侃の『生誕』は狸二条広場に

➲『SAPPORO SOUND SOFA』は団塚栄喜の作品

P.96 ISHIYA 札幌大通本店 S
P.65 菓子と喫茶 SIROYA C
S 大通ビッセ
C きのとや大通公園店・KINOTOYA cafe P.65
開拓紀念碑
野外ステージ
日時計
聖恩碑
西4丁目 噴水
大通駅
地下鉄南北線
札幌駅前通
泉の像
西3丁目 噴水
ベンソンの水飲み
大通地下P
壁泉
地下鉄東豊線
大通駅
創成川公園
さっぽろテレビ塔
おもてなしガイドハウス
大通地下P
地下鉄東西線
大通駅
西6丁目
西5丁目
西4丁目
西3丁目
西2丁目
西1丁目
N

遊び・イベントゾーン

あそび・イベントゾーン

遊具や野外コンサート会場が！

西6～9丁目には、よじれた形のすべり台や子どもが水遊びできる遊水路、コンサートができる野外ステージがある。

⬅6月上旬～9月中旬の10:00～16:00に水が流れる遊水路

⬇彫刻家、イサム・ノグチ作の『ブラック・スライド・マントラ』

水と光のゾーン

みずとひかりのゾーン

園内でいちばん賑わいのある場所

札幌駅前通り沿いの西3～5丁目は、芝生で寝転んだり、ベンチで休んだりできる噴水や花壇が多い憩いの場。

⬆西3丁目の噴水は園内で一番大きい。4月下旬～10月が通水期間

➲明治、大正、昭和の天皇の業績を讃える聖恩碑

国際交流ゾーン

こくさいこうりゅうゾーン

海外の姉妹都市からの贈り物も

札幌同様、街が碁盤の目に区画された姉妹都市ポートランド市から贈られた「ベンソンの水飲み」は西2丁目に。

⬆水の音、流れに癒やされる壁泉

➲公園の東端に隣接してそびえる札幌のシンボル・さっぽろテレビ塔

美しいキャンパスを歩き、レトロな建造物を訪ねる

北海道大学
ほっかいどうだいがく

札幌駅周辺 **MAP** 付録P.6 B-1

面積は東京ドーム約38個分というキャンパスに
開拓時代の面影を残す歴史的な建造物が点在。
時間を忘れてゆっくりと過ごしたい。

並木道、博物館、レストランなど
キャンパス内を散策

明治9年（1876）に開校した札幌農学校を前身とする北海
道大学。初代教頭は、かの有名なクラーク博士だ。約
177万㎡の広大な構内には、札幌農学校第2農場や古河
講堂などの歴史的な建物のほか、ポプラ並木やイチョウ
並木があり、自然豊かな景色を楽しむことができる。

☎011-716-2111 　所札幌市北区北8西5 　閉休料散策自由
交JR札幌駅から徒歩7分 　Pなし

札幌●歩く・観る

馬術部・馬場
アメリカンフットボール・
ラクロス場
第二農場

北24条駅

N
0　　300m

北20条東門

環状通エルムトンネル
獣医学部

札幌農学校第2農場

北18条駅

陸上競技場
野球場
野球場

西5丁目樽川通
地下鉄南北線

サッカー・
ラグビー場

第一農場
総合化学院
北海道大学病院
医学部

ポプラ並木
工学部
歯学部
イチョウ並木
北13条門

石山通
大野池
薬学部
北12条駅

ファカルティハウス
「エンレイソウ」
教育学部

総合博物館
理学部
文学部

エルムの森
法学部
経済学部
古河講堂

農学部
正門

クラーク像
インフォメーション
センター
「エルムの森」

函館本線

札幌駅

ポプラ並木
ポプラなみき

約80mの散策路がある

明治45年（1912）、林学科学
生の実習として植苗。2004年
の台風で半数近くが倒壊した
が寄附金により現在の姿に戻
っている。

⊙夏は緑色のポプラの木が秋に
は黄色に色づく

⊙緑に包まれた癒やしの空間を
ゆっくりと歩きたい

エルムの森
エルムのもり

木々に覆われた緑の空間

エルムの森には数十本のエルムの木が植
えられている。樹齢100年を超える巨木も
あり迫力満点。緑が感じられるスポット。

観光のポイント

- クラーク博士ゆかりの農場や古い建物を見学
- 緑や水辺、並木道もある構内をゆっくり散策
- 構内でしか購入できないカレーやみやげもある

イチョウ並木

イチョウなみき

秋には黄色に色づく

北13条通りとも呼ばれる長さ約380mの道路の両側に、70本のイチョウが植えられた並木道。

札幌農学校第2農場

さっぽろのうがっこうだいにのうじょう

道内初の畜産経営実践農場

明治9年(1876)、クラーク博士の構想により開設。一戸の酪農家をイメージした畜舎と関連施設を並べて造られた。国の重要文化財。

⤴ 屋内の公開は10:00〜16:00。毎月第4月曜休館、冬季(通常11月4日〜4月28日)は閉館

⤴ 例年の見頃は10月下旬〜11月上旬

総合博物館

そうごうはくぶつかん

約300万点の標本、資料を収蔵

建物は昭和4年(1929)、旧北海道帝国大学理学部本館として建設された。札幌農学校時代からの標本や資料を保管し、一部を展示公開。

⤴ 構内の南側にある銅像

クラーク像

クラークぞう

札幌農学校の初代教頭

彼が札幌を離れるときに学生に残したという「Boys, be ambitious」は非常に有名。

⤴ 2016年7月にリニューアルオープン

古河講堂

ふるかわこうどう

当時は研究室として利用

古河財閥の政府への献金の一部で建設されたアメリカン・ヴィクトリアン様式の建物。

⤴ マンサード屋根はフランス伝来

おみやげをチェック

おみやげは正門横のインフォメーションセンター内北海道大学オリジナルショップで購入できる。

⤴ カボチャ餡と白餡入り。構内限定の「北大饅頭」(5個入り)800円

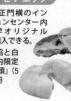

観光のポイント

クラーク博士構想の建物内で、農学校やその歴史にふれる

明治の頃から動いている塔時計の歴史や仕組みを知る

振り子式の塔時計
ふりこしきのとうどけい

動力におもりを使用。原型をとどめ正確に作動している日本で最も古い塔時計。

五稜星
ごりょうせい

開拓使に関連する建物には「五稜星」が。建物周囲には17個の五稜星がある。

⊕夜間にはライトアップも実施されるため、日中と夜とでは違った景色が見られる

鐘の音が響く白亜の時計台

札幌市時計台
さっぽろしとけいだい

大通公園周辺 **MAP** 付録P.9 E-2

街なかに響く鐘の音が時を知らせ館内では街づくりの歩みを伝える。演武場だった頃に思いを馳せたい。

クラーク博士の提案により建てられた国の指定重要文化財

明治36年(1903)に札幌農学校(現・北海道大学P.80)が現在の場所に移転した3年後、約100m南の現在地に移された時計台。もとは演武場として初代教頭クラーク博士が構想。黒田清隆開拓使長官の指示で時計が設置されたという。現在1階が資料館、2階がホールとして利用されている。

☎011-231-0838 🏠札幌市中央区北1西2 🕐8:45~17:10(入館は~17:00) 🈳無休 💴200円、高校生以下無料 🚃地下鉄・大通駅から徒歩5分 🅿なし

⊕5~6月頃にはライラックと時計台の共演も楽しめる

ハワード社製 塔時計
ハワードしゃせい とうどけい

2F

おもりが動力の塔時計は日本機械学会より「機械遺産」第32号に認定。

展示室
てんじしつ

1F

農学校や時計台の歴史がわかりやすく展示してあり、子どもも大人も楽しめる。

演武場
えんぶじょう

農学校時代の館内を再現。現在はここでコンサートも行われている。

2F

注目ポイント 時計台の撮影スポット

高い建物に囲まれた場所にある時計台を撮影するなら、以下の2カ所がベスト。正面を撮影したいなら向かいの札幌MNビルに移動を。

⊕時計台の西向かいにあるビル2階テラスから撮影

⊕敷地の南西に設置されている撮影台に立って撮影する人が多い

観光のポイント

歴史的建造物や博物館、コンサートホールなど文化的な施設が豊富

四季折々の植物を見ながら、ゆっくり散策が楽しめる

菖蒲池
しょうぶいけ

池には鯉が泳ぐほか、マガモやオシドリといった水鳥たちも訪れる。

↑夏には緑と青のコントラストを楽しめ、秋には葉が赤、オレンジ、黄色のグラデーションに変わる

文化が香る豊かな水と緑の楽園

中島公園

なかじまこうえん

中島公園周辺 **MAP** 付録P.3 D-3

→緑や池もある園内は散策にぴったり（右）。夏は貸しボート（40分600円）も楽しめる（左）

すすきの地区の南に位置する緑と水が豊かな憩いの場。歴史的な建造物をはじめコンサートホールなども訪ねたい。

古くは貯木場、博覧会会場として利用されていた芸術の公園

国の重要文化財「豊平館」や「八窓庵」、北海道立文学館など文化施設が点在。明治初期には菖蒲池が貯木場として利用され、博覧会会場として賑わった華やかな歴史もある。桜や藤など四季の花々も楽しめ、日本の都市公園100選にも認定されている。

☎011-511-3924
㈥札幌市中央区中島公園1
㉖見学自由（一部開館時間のある施設あり）㊡無休 ㋙無料（敷地内に一部有料の施設あり）㋓地下鉄・中島公園駅から徒歩1分 ㋠なし

八窓庵
はっそうあん

安土桃山～江戸時代初期の名茶人、小堀遠州作と伝わる茶室。

日本庭園
にほんていえん

江戸時代の情景を感じさせる貴重な庭園は4月下旬～11月中旬まで開園。

豊平館
ほうへいかん

明治13年（1880）、開拓使により高級西洋ホテルとして建造された国の重要文化財。昭和33年（1958）、大通から中島公園に移設。

・街からすぐ！自然のなか！
円山さんぽ
まるやま

街の近くながら豊かな自然が広がる円山エリア。
野鳥やエゾリスたちに出会える、静寂に包まれた森へ。

散策途中で
エゾリスに会えるかも

四季によって色が変わる景色を楽しめる

ゆるやかな坂道が続く
原始の森をのんびり歩きたい

　街の中心、大通から地下鉄で5分ほどの場所にある円山エリアには、原始の森に神社、動物園と大都市とは思えないスポットが点在。ゆるやかな坂道が続く森の中を歩くと、野鳥のさえずりが聞こえたり、かわいいエゾリスに出会うこともある。

1 桜の名所としても知られる

円山公園
まるやまこうえん

MAP 付録P.4 C-2

エゾヤマザクラなど、約120本の桜が植えられている花見の名所。円山は標高225m。軽登山を楽しむことができる。

☎011-621-0453　所札幌市中央区宮ヶ丘　開休料入園自由　交地下鉄・円山公園駅から徒歩7分　Pなし

さんぽの目安◆約4時間
さんぽコース

円山公園駅 → 徒歩7分 → **1** 円山公園 → 徒歩10分 → **2** 北海道神宮 → 徒歩10分 → **3** 札幌市円山動物園 → 徒歩15分 → 円山公園駅

円山公園 **1**

P.96 六花亭 神宮茶屋店 S
円山庭球場・
2 北海道神宮
開拓神社
樺太開拓記念碑
円山競技場・
・円山球場
坂下野球場
自由広場

東西線地下鉄
P.45 R すし善 本店
円山公園駅
START&GOAL
S 六花亭 円山店
C 森彦 P.66
卍 龍興寺

アフリカゾーン・
・ゾウ舎
は虫類・両生類館
円山原始林
3 札幌市円山動物園
89 ・世界の熊館

環状通
西25丁目通
卍 信広寺

円山▲

N

0 ─── 300m

84

2 北海道の総鎮守
北海道神宮
ほっかいどうじんぐう

MAP 付録P.4 B-2

明治2年(1869)、明治天皇の詔により北海道に開拓の守護神として三神を神祇官において祀ったのが北海道神宮の歴史の始まり。

☎011-611-0261 所札幌市中央区宮ヶ丘474 開6:00～17:00(社務所9:00～17:00) ※季節により異なる 休無休 料無料 交地下鉄・円山公園駅からジェイ・アール北海道バス・神宮前下車、徒歩1分 Pあり(有料)

↑北海道神宮の本殿。毎年6月14～16日には北海道神宮例祭がある

↑正面にある第二鳥居

おみやげをチェック

↑神社を訪れたら手に入れたい御朱印帳(朱印料込)2000円

↑境内梅林の梅を使った梅酒1000円。梅林の梅の木は約120本。桜と同時期に咲く

↑縁起物のお守りも多い。桜鈴守800円(左)、神鈴守800円(右)

↑参拝後は六花亭神宮茶屋店で、餡が入った焼き餅「判官さま」(120円)を味わいたい

円山さんぽ

3 展示動物の種類は道内一
札幌市円山動物園
さっぽろしまるやまどうぶつえん

MAP 付録P.4 B-3

昭和26年(1951)に開園。北海道では一番古い動物園。展示する動物の種類は150種800点以上。

☎011-621-1426 所札幌市中央区宮ヶ丘3-1 開9:30～16:30(11～2月は～16:00) 休第2・4水曜(8月のみ第1・4水曜、祝日の場合は翌日)、4・11月第2水曜を含むその週の月～金曜 料800円 交地下鉄・円山公園駅からジェイ・アール北海道バス・丸山動物園正門下車すぐ P959台(有料)

↑2024年春にオープン予定のオラウータンとボルネオの森

↑春には桜、秋には紅葉も楽しめる

↑爬虫類・両生類館には約60種を展示。写真はサイイグアナ

↑北海道ならではの動物もたくさん見られる。写真は冬毛のエゾユキウサギ

↑2023年8月に生まれたアジアゾウの「タオ」

85

札幌の街が最も鮮やかな花の季節へ

花と緑の札幌めぐり

ラベンダーやチューリップ、ライラックなど、春から夏に見頃を迎えるお花畑や庭園。街の中心部から気軽に行ける花や緑あふれるスポットで北の大地の自然を満喫しよう。

⤴宮部金吾記念館では初代園長・宮部金吾の遺品を展示。建物は明治34年（1901）建造

クラーク博士が提案した日本最初の近代植物園

北大植物園
ほくだいしょくぶつえん

札幌駅周辺 **MAP** 付録P.6 B-2

植物の研究や教育、保存を目的に明治19年（1886）に開園した北海道大学の植物園。約13haの園内に北海道の自生植物を中心に約4000種の植物が育つ。緑豊かな園内を一般公開しており、春から初夏にはライラックの紫の花が咲き誇る。博物館や北方民族資料室を併設。

☎011-221-0066 ⊕札幌市中央区北3西8 ⊕9:00〜16:00（季節により異なる、11月上旬〜4月下旬は温室のみ見学可） ⊗月曜（祝日の場合は翌日、11月上旬〜4月下旬は日曜、祝日） ⊕420円（冬季は温室のみで120円） ⊗JR札幌駅から徒歩10分 ⊕なし

⤴ライラック並木ではライラックとその仲間のハシドイ約20種が植えられ、5〜6月に開花

緑と花が広がる
癒やし空間を満喫

⤴熱帯・亜熱帯地域の植物を展示する温室

⤴人の手を加えずに残された自然の森が広がる

札幌●歩く・観る

斜面に広がる鮮やかな花
アクティビティの種類も豊富
滝野すずらん丘陵公園
たきのすずらんきゅうりょうこうえん

南区 **MAP** 付録P.2 C-4
約400haの広大な国立公園。花
畑や庭園に約800種の草花が咲
き、春には約25万球のチューリ
ップが丘をカラフルに染める。
☎011-592-3333(滝野公園案内所)
㋐札幌市南区滝野247 ㋒9:00～17:
00(時期により異なる) ㋒4月1～19
日、11月11日～12月22日 ㋓入園料
450円 ㋟地下鉄・真駒内駅から北海道
中央バス・すずらん公園東口行き、終
点下車、徒歩1分 ㋟あり(有料)

↑色分けされたチューリップが丘の上にカラフルな模様を描き出す

↑厚別川にある高さ26mの滝は迫力
満点。日本の滝百選にも選ばれている

ラベンダー越しに
札幌の街並みを楽しむ
幌見峠ラベンダー園
ほろみとうげラベンダーえん

中央区 **MAP** 付録P.2 C-3
幌見峠の頂上にあるラベンダー
畑。約7000株のラベンダーとと
もに札幌の街並みも一望できる。
展望駐車場は夜景スポットとし
ても知られている。
☎011-622-5167 ㋐札幌市中央区盤
渓471-110 ㋒9:00～17:00(7月上旬
～7月末)幌見峠駐車場は24時間(4月1
日～11月30日) ㋒期間中無休 ㋓無
料(摘み取り料500円～) ㋟地下鉄・円
山公園駅から車で10分 ㋟あり500円
(3:00～17:00)、800円(17:00～3:00)

↑峠の上に広がるラベンダー畑を札幌市内で満喫。青空や街並み、緑に映えて色鮮やか

↑自家製ラベンダーのエッセンシャル
オイルも販売している

↑幌見峠展望駐車場は4月から11月頃まで営業。美しい札幌の夜景も望める

花と緑の札幌めぐり

もっと札幌を知る

開拓前の豊かな自然が生きる公園、歴史を物語る建物、それに開拓者たちのスピリット。
街の歴史、開拓者の心意気が感じられるスポットなど、札幌ならではの見どころを巡ってみたい。

白い恋人パーク

しろいこいびとパーク
西区 **MAP** 付録P.2 B-1

スイーツの香りに誘われて

お菓子のテーマパーク。「白い恋人」の工場見学のほか、チョコレートの歴史を学べるコンテンツやオリジナルスイーツ作りを楽しめる。夏は約200株のバラが咲く。
☎011-666-1481 所札幌市西区宮の沢2-2-11-36 開10:00～18:00(入館は～16:00) 休無休 料有料(一部入館無料) 交地下鉄・宮の沢駅から徒歩7分 Pあり

↑ローズガーデンを中心としてチョコレートファクトリー、チュダーハウスなどが建つ

↑チュダーハウス1階のホール

↑白い恋人製造ラインを見学

北海道知事公館

ほっかいどうちじこうかん
大通公園周辺 **MAP** 付録P.5 E-2

銅葺き屋根に白壁の洋館

昭和11年(1936)に三井財閥の別邸新館として建築。昭和28年(1953)から知事公館として会議や行事などに使用されている。
☎011-611-4221 所札幌市中央区北1西16 開9:00～17:00(庭園は4月29日～11月30日の8:45～17:30、10・11月は開園時間変動あり) 休土・日曜、祝日(庭園は期間中無休) 料無料 交地下鉄・西18丁目駅から徒歩5分 Pなし

↑広大な庭は開放的で居心地がよく、散策を楽しむのにぴったり

↑秋は葉が色づき表情を変える

↑TVのロケにも利用される

清華亭

せいかてい
札幌駅周辺 **MAP** 付録P.6 B-1

質素で凛とした建物

札幌初の公園、偕楽園に明治13年(1880)に開拓使の貴賓接待所として建設。翌年、明治天皇が行幸の際休憩された。木造の和洋折衷の清楚な建物。
☎011-746-1088 所札幌市北区北7西7 開9:00～17:00 休無休 料無料 交JR札幌駅から徒歩10分 Pなし※改修工事及び展示物の更新に伴い、令和6年4月まで休館予定

↑建築当時のままの場所に建つ

↑内部は見学自由

赤れんが テラス

あかれんがテラス
札幌駅周辺 **MAP** 付録P.9 D-3

都会で自然を感じられる施設

レストランや物販店などおしゃれで個性豊かなテナントのほか、5階には北海道庁旧本庁舎が一望できる展望テラスもある。
☎なし 所札幌市中央区北2西4-1 開店舗により異なる 休無休 交JR札幌駅から徒歩5分 Pあり(有料)

↑心地よいテラス席は散策の休憩にぴったり

↑北海道庁旧本庁舎が一望できる眺望ギャラリーからの眺め

札幌ドーム
さっぽろドーム
豊平区 **MAP** 付録P.3E-4

北海道最大のスタジアムを見学

スポーツや展示会などのイベントがないときは、ドームツアーに参加できるほか、展望台に行くこともできるのが魅力。

☎011-850-1000 所札幌市豊平区羊ケ丘1 圏展望台10:00〜17:00、ドームツアー10:00〜16:00 俄不定休 翔展望台520円、ドームツアー1050円 交地下鉄・福住駅から徒歩10分 Pあり（有料）

↑憧れの選手が使用する地下諸室を案内

↑アリーナの全景と札幌市街の景色を楽しめる

↑全天候型のドームでは、イベントがない日や天候が悪い日も楽しめるのでぜひ立ち寄りたい

もっと札幌を知る

北海道庁旧本庁舎
ほっかいどうちょうきゅうほんちょうしゃ
札幌駅周辺 **MAP** 付録P.9D-4

北海道の文化と歴史を学ぶ

明治21年（1888）に建てられた通称「赤れんが庁舎」。2023年12月現在改修工事中。2025年度にリニューアルオープン予定。

☎平日011-204-5019（北海道総務部総務課）土・日曜、祝日011-204-5000（北海道庁中央司令室） 所札幌市中央区北3西6 圏俄リニューアルのため一時休館中 翔無料 交JR札幌駅から徒歩7分 Pなし

↑赤レンガ庁舎の工事前の姿

↑リニューアルの後のイメージ図

サッポロファクトリー
バスセンター周辺 **MAP** 付録P.7D-2

さまざまに楽しめる

サッポロビール工場跡地に造られた大型複合商業施設。工場時代のレンガ建築や巨大アトリウムなど7棟に、約150のショップ、レストランなどが集結。グルメもショッピングも満喫できる。

☎011-207-5000（インフォメーション） 所札幌市中央区北2東4 圏ショップ10:00〜20:00、レストラン11:00〜22:00 俄不定休 交地下鉄・バスセンター前駅8番出口から徒歩3分 Pあり

↑全天候型。ガラス屋根が開放的

札幌市アイヌ文化交流センター サッポロピリカコタン
さっぽろしアイヌぶんかこうりゅうセンター　サッポロピリカコタン
南区 **MAP** 付録P.2A-4

アイヌの文化にふれる

↗展示室の民具なども手に取って見ることもできる

北海道の先住民族アイヌの生活や歴史、文化を楽しみながら学べる施設。屋内には約300点の伝統衣装や民具を展示している。

☎011-596-5961 所札幌市南区小金湯27 圏8:45〜22:00、展示室・庭園9:00〜17:00 俄月曜、祝日、毎月最終火曜 翔無料（展示室観覧200円） 交地下鉄・真駒内駅からじょうてつバス・定山渓温泉行き、小金湯下車、徒歩5分 Pあり

↑歴史の里にチセ（家屋）を再現

エドウィン・ダン記念館
エドウィン・ダンきねんかん
南区 **MAP** 付録P.3D-4

開拓者精神を伝えたダン

明治時代の初期、開拓使により招聘されたアメリカ人、エドウィン・ダンの業績や人柄を紹介する記念館。建物は真駒内に明治13年（1880）に牧牛場の事務所として造られた。

☎011-581-5064 所札幌市南区真駒内泉町1-6 圏9:30〜16:30 俄水曜、11〜3月は月〜木曜 翔無料 交地下鉄・真駒内駅から徒歩10分 Pなし

↑昭和39年（1964）、現在地に移築

↑開拓に尽力した話も紹介

海に囲まれた大きな離島へのタイムトラベル
北海道をめぐる2万5000年の旅

日本の最北部に位置する北海道。その立地ゆえに農耕文化に移行せず、アイヌ民族の文化を中心に、本州とは異なる発展を続けた。独自の歴史や開拓政策による都市の誕生まで、歴史の旅へ出かけよう。

紀元前〜13世紀 漁猟中心の暮らしを続けた人々
北海道独自の歩み

稲作が行えなかった北海道では、縄文文化から続縄文文化、擦文文化へと独自の道を歩む

北海道に人々が住み始めた年代は不明だが、道内の最も古い石器群から、約2万5000年前の旧石器時代には人々が暮らしており、約1万5000年ほど前に温暖化によって島となり環境が一変、縄文文化へ移行したものと考えられている。紀元前4〜3世紀頃、九州北部で稲作と金属器使用を特徴とする弥生文化が起こり、本州を北上するが北海道には届かず、縄文以来の生活を基にする続縄文文化が続く。東北地方から土師器（素焼きの土器）が流入し、その影響を受けた擦文土器を使用する擦文文化が形成される。サケやマスを捕獲しやすい河川・河口部に村をつくり交易活動も行った。

13〜18世紀 松前藩の成立により変わる社会
アイヌと和人の衝突

アイヌとの交易により成立した松前藩だが藩制の確立とともに、アイヌとの衝突も始まる

13世紀後半から東北地方の人々が道南に往来。鉄製品、漆器、陶磁器の流入により擦文時代が終わり、アイヌ文化期を迎え、交易目的の狩猟、漁労に特化したものと考えられている。交易が生活を変える一方で、和人（本州の人々）とアイヌ民族間での争いも起こった。長禄元年（1457）、道南でのコシャマインの戦いから続く戦乱の時代を経て、武田信広・蠣崎氏の末裔・蠣崎氏が豊臣秀吉に対アイヌ交易権を公認される。徳川家康に拝謁し、氏を松前に改称。慶長9年（1604）に黒印状（武家の公文書）を得て、幕藩体制の一員として地位を確立、アイヌ交易権を独占した。交易の自由が失われ、交易比率も不利になったアイヌ民族は、主導権を覆そうとシャクシャインの戦い、クナシリ・メナシの戦いを起こすが、松前藩に敗れ、支配はより強固なものに。交易相手ではなく、漁場労働者と見なされ、過酷な労働に従事する。

北海道と本州の歴史区分の違い

北海道では、民族の大きな流入が起こらなかったため、縄文文化を担った人々の子孫がその後の続縄文文化、擦文文化の担い手となり、アイヌ文化へと移行していったものと考えられている。北海道はわずか150年ほど前まで、アイヌ民族を主体とする世界が広がっていた。

	本州	北海道
紀元前 10,000	先土器（旧石器）	先土器（旧石器）
1,000	縄文	縄文
西暦 0	弥生	
200		
400	古墳	続縄文
600	奈良	
800	平安	擦文
1,200	鎌倉	
1,400	室町	
1,600	安土・桃山	アイヌ文化期
1,800	江戸	
1,868	明治	
	大正	
	昭和	

（右側にオホーツク文化の表記あり）

⤴ 擦文土器。器面全体に刷毛目様の擦痕がある。写真は札幌市K39遺跡出土の11世紀頃のもの〈札幌市埋蔵文化財センター蔵〉

アイヌを描いた松前藩士・蠣崎波響

波響は、クナシリ・メナシの戦いを収めるため、松前藩に協力したアイヌの有力者12人を讃える名目で、寛政2年（1790）に夷酋列像を描いたといわれている。その絵は京都に持ち込まれ、諸藩の大名たちにより数々の模写が作られた。昭和59年（1984）、フランスで11点が発見され話題となった。

⤴『夷酋列像』御味方蝦夷之図〈函館市中央図書館蔵〉

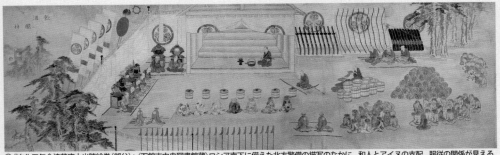
↑『文化五年会津藩唐太出陣絵巻（部分）』〈函館市中央図書館蔵〉ロシア南下に備えた北方警備の描写のなかに、和人とアイヌの支配、服従の関係が見える

日露関係の緊張から幕府直轄地に
異国との接近と開港

江戸後期の対外政策に影響を与えた
ロシアと蝦夷地の接触と開港で変わる函館

　江戸中期から後期になると、ロシアがカムチャッカ半島から千島方面へと進出、他の外国船も北海道近海に出没するようになる。老中・田沼意次は大規模な蝦夷地調査を行い、ロシアとの交易を進めるが、田沼の失脚によって交易は途絶。寛政4年（1792）にはロシアの遣日使節ラクスマンが根室に来航。危機感を募らせた幕府は寛政11年（1799）、蝦夷の直轄を始める。安政元年（1854）、日米和親条約の締結により、箱館（現函館）は伊豆の下田とともに開港。幕府は箱館奉行を置く。開港によって箱館は大きく変化し、西洋人の渡来、洋学校、五稜郭の築城、洋式造船、キリスト教会など、近代文明の玄関口へと変貌を遂げる。その後、王政復古の大号令とともに新政府が樹立、新政府軍と旧幕府勢力が争う戊辰戦争が勃発した。最後の戦闘である箱館戦争で、榎本武揚など旧幕府軍は五稜郭に立て籠もり最後の抵抗をみせるが、明治2年（1869）、五稜郭の陥落をもって終結した。

↑明治25年（1892）に写された当時の函館港の全景〈函館市中央図書館蔵〉

激動の時代の舞台となった五稜郭

　箱館に来港する外国人との交渉の場だった箱館奉行所を防衛するために造られた五稜郭。星形の形状はヨーロッパの城を基にしており、各頂点には砲台が設置可能だった。元治元年（1864）に竣工し幕府による蝦夷地支配の中心地としての役割を果たしたが、慶応4年（1868）に戊辰戦争が勃発。榎本武揚、土方歳三らの旧幕府軍は五稜郭に入城。北方の防衛開拓を名目に、朝廷のもとでの自らの蝦夷地支配の追認を求める嘆願書を朝廷に提出したが、新政府はこれを認めず派兵。最後の戦いとなる箱館戦争が始まる。土方は新政府軍の箱館総攻撃により戦死、榎本率いる旧幕府軍は降伏し、五稜郭は新政府に引き渡される。明治4年（1871）、開拓使本庁の札幌への移転が決まると、庁舎建設に木材を必要とするとの理由で奉行所や付属施設の大半が解体された。

↑榎本武揚〈函館市中央図書館蔵〉

↑土方歳三〈函館市中央図書館蔵〉

五稜郭
ごりょうかく
高さ107mの五稜郭タワーから星形の五稜郭が眺められる。現在は桜の名所としても知られている。
五稜郭タワー
☎0138-51-4785　🏠函館市五稜郭町43-9
🕘9:00～18:00（季節により異なる）　休無休　料1000円

19世紀〜 明治を迎え開拓政策が始まる

道都・札幌の街づくり

広大な石狩平野に開拓使を設置し開発がスタート 人口100人ほどの札幌村が百万都市に成長

明治10年代の札幌

↑島義勇（しまよしたけ）〈函館市中央図書館蔵〉。開拓使判官に就任し、無人の原野だった札幌に碁盤の目の街並みを構想した。「北海道開拓の父」と呼ばれる

箱館戦争終結後の明治2年（1869）、開拓と経営のための行政機関である開拓使が設置され蝦夷地から北海道へと改称、街の中心部となる札幌本府の建設が始まる。街の名の語源については、アイヌ民族がこの地を「サトホロ（乾いた大きな川）」と呼んでいたため、とする説などがある。明治8年（1875）、北海道の開拓と警備に従事する屯田兵が入植。近郊の村々では屯田兵や本州各県からの入植者による開拓が進み、大正11年（1922）の市制施行以来、近隣町村との合併・編入を重ね市域を拡大。昭和45年（1970）には人口が100万人を突破し、2年後に政令指定都市へ移行、アジア初の冬季オリンピック会場となった。

↑石狩国札幌市街之図〈北海道大学附属図書館蔵〉。大通と創成川を基線とした碁盤の目状の街並みを整え、大通の北に官庁街、南に庶民の街、創成川の東に工場を設置する計画が進められた

北海道開拓の村
ほっかいどうかいたくのむら
厚別区 **MAP** 付録P.3 F-3

↑開拓時代当時の馬車鉄道も再現

54haの敷地に52棟の歴史的建造物を移築または再現。開拓時代の年中行事の再現や当時の芸能・文化、伝統技術の伝承活動も行っている。

☎011-898-2692 　所札幌市厚別区厚別町小野幌50-1 　開9:00〜16:30（季節により異なる） 　休10〜4月の月曜（祝日の場合は翌日） 　料800円（変更の可能性あり）

北のウォール街
きたのウォールがい
●P.116

↑金融資料館として利用されている日本銀行旧小樽支店（P.116）

銀行や商社が並んだかつての金融街。現在も日銀通り沿いには、当時の建物が残っており、レストランやショップ、ホテルなどに利用されている。

19世紀〜 道内随一の貿易拠点として繁栄

港町・小樽の歴史

札幌の外港としての重要な役割を担った小樽 ヨーロッパや樺太などとも航路が結ばれた

北前船が行き交った江戸時代、小樽内（おたるない）と呼ばれていた小樽は寄港地のひとつだった。街の繁栄は、明治を迎えてからで、道内初の鉄道・幌内鉄道が開通、石炭を海外へ運ぶ港までの輸送手段となった。明治38年（1905）、日露戦争により樺太（サハリン）の北緯50度以南が領土となると、樺太への玄関口として急速に発展。第一次世界大戦後は満州、ヨーロッパにも航路が広がり、国内屈指の貿易港となる。本州から銀行、商社、海運会社の進出が相次ぎ、金融街となった色内は、後年北のウォール街と呼ばれるようになる。

↓大正3年（1914）に写された当時の小樽港の全景〈函館市中央図書館蔵〉

北海道 歴史年表

西暦	元号		事項
15000年前			大陸とつながる陸橋が水没 北海道が島となる
8000年前			道東を中心にバイカル湖周辺原産の石刃やじりが分布
6000～4000年前			縄文海進により各地に貝塚が集積される
4000～3000年前			環状列石・環状土籬がつくられ、呪術的な精神文化の形成がみられる
2100～1700年前			伊達市有珠モシリ遺跡から出土した貝製品などが西日本との交流を示す
1700～1200年前			道央を中心にサケ・マス漁が生活の基盤となる。東北地方でこの時期の土器が出土
7世紀頃			オホーツク海沿岸に海洋性のオホーツク文化が展開される
658	斉明	4	阿倍比羅夫、日本海を北征。有間浜で渡嶋蝦夷を饗宴でもてなす。3年にわたり北征
8世紀頃			アイヌ文化の母体となる擦文文化が発生
1219	承久	元	安東氏蝦夷管領を命ぜられる
13世紀頃			アイヌ文化が成熟
1454	享徳	3	安東政季、武田信広らと夷嶋へ逃れる
1456	康正	2	マキリ(小刀)の品質・価格をめぐりアイヌと和人が対立
1457	長禄	元	コシャマイン率いるアイヌ軍が道南の10館を陥落させるが、上之国花沢館主の蠣崎季繁の客将・武田信広に討たれる(コシャマインの戦い)。信広は蠣崎氏の養子となる
1514	永正	11	蠣崎光廣、上之国から松前大館に本拠を移す
1593	文禄	2	蠣崎慶広、名護屋(佐賀県唐津市)で豊臣秀吉に拝謁。秀吉が朱印状を交付し、商船に関する船役徴収権と安東氏からの独立を認める
1599	慶長	4	蠣崎慶広、大坂城で徳川家康に拝謁、系図・地図を献呈。姓を松前に改める
1604		9	松前慶広、家康から黒印状を交付され、アイヌ交易権の独占を認められる
1606		11	松前城(福山城)が完成
1669	寛文	9	シベチャリ(新ひだか町)の首長・シャクシャイン主導による反和人・反松前藩の戦いシャクシャインの戦いが起こる。シャクシャイン謀殺により終結
1789	寛政	元	クナシリ(国後島)とメナシ(根室)のアイヌが飛騨屋の横暴に抵抗してクナシリ・メナシの戦いを起こし、71人の和人を殺害。松前藩が出兵し、アイヌ首長らの協力により鎮圧する
1792	寛政	4	ロシアの遣日使節ラクスマンがネモロ(根室)に来航。通商を要求するが翌年、幕府が松前で通商を拒否、長崎への来航許可の信牌を交付
1799		11	幕府が東蝦夷地の仮上知を決める。場所請負制を廃し、幕府の直営が始まる
1808	文化	5	松田伝十郎、間宮林蔵がカラフト調査を実施しカラフトが島であることを確認
1845	弘化	2	松浦武四郎が東蝦夷地・箱館・松前を調査。安正年間まで東西蝦夷地・カラフト・クナシリ・エトロフ島を調査する
1854	安政	元	日米和親条約調印。ペリー艦隊が箱館へ来航。箱館奉行所を設置。日露和親条約調印
1855		2	幕府が木古内以東、乙部以北の地を上知
1859		6	箱館開港。貿易が始まる
1864	元治	元	五稜郭⊃P.91完成
1868	慶応 明治	4 元	戊辰戦争が起こる。榎本武揚率いる旧幕府軍が五稜郭・箱館へ向かう
1869		2	旧幕府軍が降伏し箱館戦争が終結。開拓使設置。蝦夷地を北海道と改称
1875		8	樺太・千島交換条約調印。最初の屯田兵が札幌郡琴似村へ入地。東京の開拓使仮学校が札幌へ移り札幌学校となる
1876		9	札幌学校が札幌農学校に改称。教頭としてマサチューセッツ農家大学学長のクラークを招く。札幌麦酒醸造所(現サッポロビール)、牧羊場、養豚場を官設
1878		11	札幌農学校演武場(現札幌市時計台⊃P.82)完成
1880		13	豊平館⊃P.83完成。翌年に明治天皇初の行幸
1881		14	札幌市街の町名を条丁目に変更
1882		15	開拓使を廃止。函館、札幌、根室の3県を設置
1886		19	3県1局を廃止。北海道庁を設置
1888		21	北海道庁の本庁舎(現北海道庁旧本庁舎⊃P.89)が完成
1899		32	小樽港が開港場(国際貿易港)に指定される
1903		36	札幌農学校を現北海道大学⊃P.80構内へ移転
1911		44	大通に公園設備を設置し大通逍遙地(現大通公園⊃P.76)が完成
1912		45	日本銀行旧小樽支店⊃P.116が完成
1923	大正	12	小樽運河⊃P.110が完成
1932	昭和	7	大倉シャンツェ(現大倉山展望台⊃P.72)完成
1950		25	第1回さっぽろ雪まつり⊃P.14開催
1970		45	札幌市の人口が100万人突破
1972		47	第11回札幌オリンピック冬季大会開催

北海道をめぐる2万5000年の旅

1. シンプルな白い建物が目印
2. 雑貨のほか、衣類や家具も取り扱う
3. その日によって料理人が替わる食事の店も併設。メニューは来てからのお楽しみ。庭キッチン ☎休要問合せ
4. 子どもがいる暮らしに必要な雑貨、絵本やおもちゃなどを扱う店もある。大人でも楽しめるアイテムも多い。ろばのこ ☎11:00〜19:00 休日・月曜（月曜が祝日の場合、翌日休み）

目移りしてしまうほどステキな雑貨があります!

made in 北海道みやげ

ハッカ油を使った日用品や、木の雑貨など
北海道らしさをデザインしたアイテムからお気に入りを探したい。

メイド・イン・北海道のモノが揃うセレクトショップ

D&DEPARTMENT HOKKAIDO by 3KG

ディー&デパートメント ホッカイドウ
バイ スリーケイジー

大通公園周辺 MAP 付録P.5E-2

北海道内の工房やメーカーから取り寄せた工芸品や雑貨、北海道の食材を使ったお菓子やお茶などが揃うセレクトショップ。おみやげ選びが楽しくなる品揃えだ。

☎011-303-3333 所札幌市中央区大通西17-1-7 庭ビル1F 営11:00〜19:00 休日・月曜（祝日の場合翌日） 交地下鉄・西18丁目駅から徒歩3分 P2台

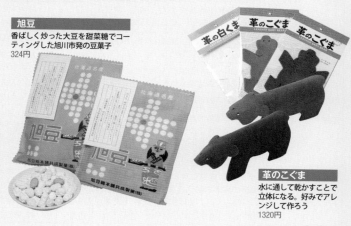

旭豆
香ばしく炒った大豆を甜菜糖でコーティングした旭川市発の豆菓子
324円

革のこぐま
水に通して乾かすことで立体になる。好みでアレンジして作ろう
1320円

フブの森 もみの木 アロマオイルミスト
もみの木が香るミストスプレー。プレーン、ベルガモットなど全3種
1375円

Kamiグラスワイド
温かい飲み物を入れても器が熱くならない、木工の街・旭川の器
3630円～

ペパーミントティー
ペパーミントとセイロンティーをブレンドした爽やかな紅茶 410円

ハッカようじ
楊枝の先にハッカ油が染み込んでいるので口の中が爽やかに 418円

木匙
木工の街・置戸町のオケクラフト佐藤佳成さんの木製計量スプーン
2090円～

ハッカ油スプレー
アウトドア用や携帯用として便利なガラス瓶使用のスプレーボトル
1080円

ハッカ油ボトル
スプレーの詰め換え用としても使えるリフィルボトル 1080円

ARAMAKIいくら ティッシュケース
イクラの贈答用木箱に蓋をつけたケース。小物入れにしても◎
5280円

北のスイーツをお持ち帰り!
4大ブランド王道銘菓

**マルセイ
バターサンド(5個入り)**
ビスケットに、ホワイトチ
ョコとレーズン、道産生乳
100%のバター入りクリーム
を挟んだロングセラー730円

**白い恋人(ホワイト、
18枚入り)**
ホワイトチョコをラング・
ド・シャでサンド。軽く、口
中で溶ける食感　1425円

**白い恋人(ホワイト&ブ
ラック、36枚入り)**
シェアのしやすいセット。
ホワイト27枚とブラック9枚
2808円

お菓子は「大地の恵み」なり

**畑の大地 ひろびろ(左)
花の大地 ひろびろ(右)**
畑はビスケットとパイをチョコ
で、花はクランチチョコとパイ
をストロベリーチョコでコーテ
ィング　各130円

北海道の冬を体現した定番

白いバウム TSUMUGI
白い恋人のホワイトチョコを生
地に練り込んだバウムクーヘン。
しっとりやわらか　1296円

**白い恋人ホワイト
チョコレートプリン(3個入り)**
白い恋人のホワイトチョコレー
トを使用したプリン　1080円

雪やこんこ(8枚入り)
ブラックココア入りのビスケッ
ト。冬の夜空から舞い降りる雪
を表現　940円

**マルセイキャラメル
(3粒×6袋入り)**
マルセイビスケ
ット入りの
キャラメル
600円

六花の森ヨーグルト
乳酸菌の選定から
始め、濃厚な食感
に仕上げた自社製
ヨーグルト　220円

美冬(6個入り)
サクサクのパイとフィリング、
チョコのおいしさが響き合う
896円

**チョコレートタブレット
(白い恋人ホワイト/
白い恋人ブラック)**
白い恋人のチョコレートをアレ
ンジし、口当たりなめらかな板チョ
コレートに　各324円

札幌 ● 買う

六花亭 札幌本店
ろっかてい さっぽろほんてん
札幌駅周辺 **MAP** 付録P.8 C-4

2015年7月に開店した地下1階地上
10階建てのビル。ビルの1階は六花
亭店舗、2階は喫茶室となっている。

☎0120-12-6666
所札幌市中央区北4西6-3-3　営10:00〜
17:30(季節により異なる)　休無休
交JR札幌駅から徒歩3分　Pなし

札幌市内の主な直営店
神宮茶屋店
MAP 付録P.4 B-2
円山店
MAP 付録P.4 C-3
森林公園店
MAP 付録P.3F-3
真駒内六花亭ホール店
MAP 付録P.3 D-4

ISHIYA
札幌大通本店
イシヤ さっぽろおおどおりほんてん
大通公園周辺 **MAP** 付録P.9 F-3
ビルの1階には品揃えISHIYAの本店。
地下2階には北海道の魅力を発信す
る「22%MARKET」がある。札幌地
下歩行空間に直結しており、立ち
寄りやすい。

☎011-231-1483　所札幌市中央区大通
西4-6-1 札幌大通西4ビル1F
営10:00〜20:00　休無休
交地下鉄・大通駅から徒歩1分　Pなし

札幌市内の主な直営店
大丸札幌店
MAP 付録P.8 B-3
アリオ札幌
MAP 付録P.7F-1
さっぽろ東急百貨店
MAP 付録P.8 C-2
白い恋人パーク
MAP 付録P.2 B-1
丸井今井札幌本店
MAP 付録P.10 B-2

おいしいものにあふれた北海道はスイーツも豊富。
旅の思い出に北国の銘菓も持ち帰ろう。
あれこれ迷うなかでも、王道をしっかり押さえたい。
口に含めば、長く愛されてきた理由もわかるはずだ。

原材料のひとつひとつにこだわる

**ピュアチョコレート
[クリーミーミルク&ホワイト]**
まろやかなクリーミーミルクと
すっきりとした後味のホワイト
の各20枚セット　864円

チョコレートを主軸に多彩なアイテム

4大ブランド王道銘菓

北海道開拓おかき
(左から)えりも昆布味/増毛甘エビ
味/枝幸帆立味
道産もち米と塩を使い、米研ぎ
から味付けまで7日間かけていね
いに仕上げたおかき 各490円〜

バウムクーヘン妖精の森
(ホール・高さ約4cm)
ふわっとしっとり。ほどよい口
どけは、一層一層じっくり時間
をかけて焼き上げることで実現
1458円

**ポテトチップ
チョコレート[オリジナル]**
片面にコーティングされたチョ
コレートの甘さと、ポテトチッ
プの塩味が絶妙にマッチ　864円

**シュークリーム
「夢不思議」(3個入り)**
パイ生地でできたジャンボパイ
シュー。カスタードに道産生ク
リームを加えて仕上げた一品
900円

**よもぎまんじゅう
「夢開拓草饅頭」(6個入り)**
たっぷりのよもぎ
と十勝小豆100%
のつぶ餡。香り豊
かな味わいがクセ
に　1080円

**バトンクッキー
[ココナッツ25枚入]**
ローストしたココナッツを入れ
て焼き上げたクッキーの片面に
まろやかなチョコレートをコー
ティング　945円

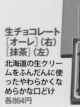

**プラフィーユショコラ
[ベリーキューブ]**
繊細なチョコレートをパリッと
割ると、ラズベリー&ブルーベ
リーのソースがとろけ出す
864円

**はまなすの恋
ホワイトチョコレート
ウィッチ(12枚入り)**
定番チョコサンドクッ
キー。サクッと香ばし
く、スーッとやさしい
口どけ　851円

**生チョコレート
[オーレ](右)
[抹茶](左)**
北海道の生クリー
ムをふんだんに使
ったやわらかくな
めらかな口どけ
各864円

北菓楼 大丸札幌店
きたかろう だいまるさっぽろてん

札幌駅周辺 **MAP** 付録P.8 B-3

札幌市内の主な直営店
札幌本館
MAP 付録P.9 E-4
KITAKARO L
MAP 付録P.5 E-2

「北海道のお菓子の楼閣を作る」と
の思いを込め、道産素材にこだわ
っている。本店は砂川市。和・洋、
生菓子などさまざまな商品、季節
ごとの限定商品も揃う。

☎011-271-7161
所札幌市中央区北5西4-7 大丸札幌店B1
営10:00〜20:00　休無休　交JR札幌駅
から徒歩1分　Pあり(大丸駐車場、有料)

ロイズ 大丸札幌店
ロイズ だいまるさっぽろてん

札幌駅周辺 **MAP** 付録P.8 B-3

札幌市内の主な直営店
東苗穂店
MAP 付録P.3 E-2
福住店
MAP 付録P.3 E-4
あいの里公園店
MAP 本書P.2 C-2

「世界の厳選した素材でオリジナリ
ティあふれるおいしいお菓子を」と
いうモットーを、昭和58年(1983)の
創業以来貫く。生チョコレートをは
じめとした個性豊かな商品が揃う。

☎0570-070-612
所札幌市中央区北5西4-7 大丸札幌店B1
営10:00〜20:00　休大丸札幌に準ずる
交JR札幌駅から徒歩1分　Pあり(大丸駐
車場、有料)

非日常の時が流れるスパ併設の洗練ホテル

癒やしの贅沢旅時間

札幌市街の眺望を楽しみながら本格スパでゆったりとリゾート気分が味わえる。
高層階の癒やし空間でしばし日常を忘れてみたい。

1

RELAXATION

主なスパメニュー

●フィトオイルトリートメント
ベタつき感のないオイルでシルクのような肌に仕上げ、心身の疲労回復を導くリンパドレナージュ。1万1210円(40分)～2万610円(120分)※宿泊者料金

●リカバリー
疲労した筋肉や、日々駆使している体のメンテナンスに最適なもみほぐしとオイルトリートメントのセット。ベーシックコース1万5430円(100分)、フルボディケアコース1万9610円(140分)※宿泊者料金

スカイリゾートスパ ☎12:00～23:00(受付は～22:30)　料3070円(宿泊者は1910円)

開放感と天然温泉のスパが高層階で楽しめる

JRタワーホテル日航札幌

ジェイアールタワーホテルにっこうさっぽろ

札幌駅周辺 **MAP** 付録P.8 B-2

札幌駅に直結したJRタワー内のホテル。22階にある天然温泉とサウナやエステを備えた本格的なスパ(18歳以上限定)はまさに天空に浮かぶリフレッシュ空間だ。ショッピングやアミューズメントと併せてご褒美のひとときを過ごしたい。

☎011-251-2222(代表)
所札幌市中央区北5西2-5
交JR札幌駅直結　P468台
in15:00　out11:00
室330室(全室禁煙)　予S2万6400円T4万4550円～

1.女性スパのアクアゾーンは水深1.2mのマッサージバスなど種類も豊富
2.地下1000mから湧出した天然温泉
3.客室は23～34階
4.三國清三シェフプロデュースのフレンチレストラン「ミクニ サッポロ」
5.厳選された食材の「はしり」と「なごり」を感じる四季の旬菜に彩られたフレンチ
6.客室からは札幌市街が見渡せる
7.シックな客室。コーナーデラックスツインは3方向の景色を楽しめる

世界各国のスパメニューが充実
都市型の温泉リゾート

ジャスマックプラザホテル

すすきの **MAP** 付録P.11 F-2

札幌中心部で最初に誕生した天然温泉付きホテル。その広さに定評のある大浴場は、ゆったり温泉を味わえるのが魅力。スパでは韓国、タイ、バリなど各国のリラクセーションメニューやネイルのケアまでメニューを用意し、くつろぎのひとときを存分に演出してくれる。

☎011-551-3333
所札幌市中央区南7西3-425
交地下鉄・豊水すすきの駅から徒歩2分
P81台(有料)
in14:00 out11:00 客153室(禁煙81室、喫煙72室) 予算S1万3150円〜 ①2万150円〜(1泊朝食付)

1. 日本式全身ボディケアのほかストレッチ、エステ、ヘアやネイルのケアが楽しめる
2. 開放的な露天風呂。日帰り入浴も可能。
3. 繁華街すすきのの中心に建つ絶好の立地ながら、館内では温泉宿のようにくつろげる
4. 木のぬくもりを感じる室内

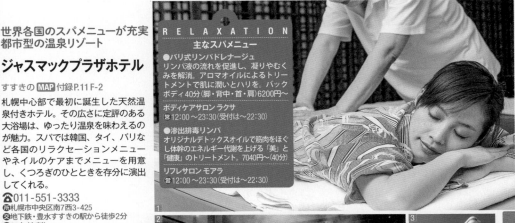

R E L A X A T I O N
主なスパメニュー

●バリ式リンパドレナージュ
リンパ液の流れを促進し、凝りやむくみを解消。アロマオイルによるトリートメントで肌に潤いとハリを。バックボディ40分(脚・背中・首・肩)6200円〜

ボディケアサロン ラクサ
🕐12:00〜23:30(受付は〜22:30)

●滲出排毒リンパ
オリジナルデトックスオイルで筋肉をほぐし体幹のエネルギー代謝を上げる「美」と「健康」のトリートメント。7040円〜(40分)

リフレサロン モアラ
🕐12:00〜23:30(受付は〜22:30)

個性的な内装と窓からの眺望
素晴らしい癒やしの空間

ホテルモントレ
エーデルホフ札幌

ホテルモントレエーデルホフさっぽろ

大通公園周辺 **MAP** 付録P.9 D-1

美しい曲線や甘美な雰囲気が漂う19世紀末のウィーンをテーマに造られたホテル。御影石を使った天然温泉の浴場がある豪華な雰囲気のスパでは、期間限定で企画される特別プランなど豊富なメニューを利用できる。

☎011-242-7111
所札幌市中央区北2西1-1 交地下鉄・大通駅から徒歩7分 P50台(有料)
in15:00 out11:00
客181室(全室禁煙)
予算S2万円〜 ①3万2340円〜

1. 客室は全室地上60m以上に位置する
2. ヨーロッパの雰囲気漂うフロント
3. 14階にある贅沢な装飾が施された優雅なスパ。岩盤浴や露天風呂もある
4. 和洋合わせて60品以上も用意される評判の朝食バイキングもこのホテルの楽しみ
5. 個性的なデザインの客室
6. スパメニューも利用できる(別料金)

R E L A X A T I O N
主なスパメニュー

●アカスリ・フットケア
アカスリ4800円〜(30分)、フットケア4500円〜(30分)で豊富なコースを用意

カルロビ・バリ・スパ 🕐12:00〜22:30
(受付は〜22:00) 料3000円(宿泊者2500円)

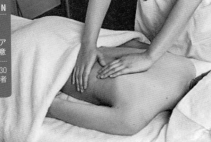

癒やしの贅沢旅時間

札
幌
●
周
辺
の
街
と
ス
ポ
ッ
ト

エンタメ、グルメ、ショッピング…
充実の巨大空港

新千歳空港

しんちとせくうこう

広大な空港内のショップや
レストランなど位置を把握して、
待ち時間もたっぷり満喫。

**目的別にエリアを
決めておくと便利**

「北海道の空の玄関口」として多
くの人が利用する新千歳空港に
は、さまざまな施設が備わってい
る。小さな子ども連れのファミリー
にはエンターテインメントエリア、
旅の疲れを癒やしたい人には温泉
など、待ち時間を有効活用して、
フライト直前まで余すところなく北
海道を楽しもう。

MAP 本書P.2 C-3

☎0123-23-0111（空港総合案内）
所千歳市美々987-22 **交**JR新千歳空港駅直
結 **P**あり

ACCESS

鉄道 JR札幌駅からJR快速エアポートで40分
車 札幌市内から道央自動車道経由で55km

4F

新千歳空港温泉　新千歳空港シアター

3F

大空ミュージアム　フードコート

Royce'
Chocolate World

ドラえもんわくわく
スカイパーク
↓国際線ターミナルビル

2F

シュタイフ
ディスカバリーウォーク
（連絡施設）

↓国際線ターミナルビル

1F

メインビル
センタービル
A連絡橋　　B連絡橋
A駐車場　B駐車場

↓国際線ターミナルビル

**グルメ
Gourmet**

おいしいものであふれる北海道
の味覚が大集結するのは3階の
グルメワールド。有名な豚丼や
スープカレーといったご当地グルメ
や道産小麦のパスタなど、北海
道グルメがたっぷり味わえる。

北海道ラーメン
道場 **3F**

ほっかいどうラーメンどうじょう

札幌の味噌、函館の塩、
旭川の醤油などご当地ラ
ーメンを存分に味わえ
る。個性豊かな味を食
べ比べてみるのも楽し
い。限定メニューもある。

フードコート
3F

ハンバーガー、うどん、
インドカレーなど多彩な
店が並び、リーズナブル
な値段で食事ができる。

市電通り食堂街
3F

しでんどおりしょうてんがい

レトロな雰囲気が楽しい
食堂街。新鮮な魚介や
道産米、鹿肉など北海道
ならではの味覚が堪能で
きる。

ショッピング
Shopping

2階には海鮮や乳製品、ご当地の味覚などおみやげ店が並ぶ。買い忘れたおみやげは出発前にここで調達しよう。空港内でしか買えない商品も多数あるので、時間にゆとりをもって買い物を。

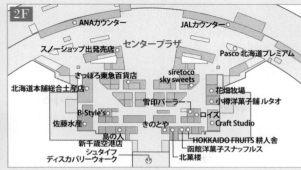

```
2F
ANAカウンター                    JALカウンター
        センタープラザ
スノーショップ出発売店              Pasco北海道プレミアム
            siretoco
            sky sweets
さっぽろ東急百貨店                    花畑牧場
北海道本舗総合土産店                   小樽洋菓子舗 ルタオ
            雪印パーラー
B-Style's                  ロイズ  Craft Studio
佐藤水産       きのとや
            HOKKAIDO FRUITS 耕人舎
      島の人        函館洋菓子スナッフルス
    新千歳空港店              北菓楼
    シュタイフ
    ディスカバリーウォーク
```

スイーツ・アベニュー 2F

有名メーカーから隠れた人気店まで、北海道ブランドのお菓子をしっかり網羅。

どさんこ産直市場 2F
どさんこさんちょくいちば

道内の各地から農畜産物、海産物、各種加工品が直送される。トウモロコシや毛ガニなど新鮮な旬の食材もここで手に入る。

ショッピングワールド 2F

北海道のおみやげを豊富に揃えた総合みやげ店のほか、地元の工芸・民芸品やガラス細工から、北海道限定のかわいらしいキャラクターグッズまで、バラエティ豊かに揃う。北海道産の食材をたっぷり使った空弁販売店などが集結している。

エンターテインメント
Entertainment

国内線ターミナルと連絡施設の3〜4階にはエンターテインメント施設が多く並び、なかには空港施設としては国内初の温泉や映画館などのスポットも揃う。フライトの空き時間を有意義に過ごすほか、出発前に旅の疲れを癒やすことも。子どもが遊べる施設もあるので、ファミリーにも人気。

新千歳空港温泉 4F
しんちとせくうこうおんせん

国内空港初の天然温泉による温浴施設。天然温泉の内湯、夕日が見える露天風呂のほか、岩盤浴やボディケアなどリラクセーションも充実。宿泊も可能。

新千歳空港シアター 4F
しんちとせくうこうシアター

話題の大作から、親子で楽しめるファミリー向けの作品などを上映。

©Fujiko-Pro, Shogakukan, TV-Asahi, Shin-ei, and ADK

ドラえもん わくわくスカイパーク 3F

アトラクションを楽しめるパークゾーン(有料)やカフェ、限定販売のお菓子やグッズを揃えたショップなど見どころが満載。

Royce' Chocolate World 3F
ロイズ チョコレート ワールド

国内初の空港内にあるチョコレート工場。作業工程やスタッフの実演などをガラス越しに見学できる。チョコレートについて学べるミュージアム、オリジナル商品など約100種類が揃うショップ、ベーカリーも併設。

大空ミュージアム 3F
おおぞらミュージアム

コレクション展示や飛行機の歴史を学べるブース。ファン必見のアイテムが揃うグッズショップなど空の魅力がたっぷりと詰まった空間。

幻想的な雲海を眺め
自然の神秘にふれる

星野リゾート
トマム

ほしのリゾート　トマム

**近年話題のリゾートエリア。
ここでしかできない体験を
思う存分楽しもう。**

喧騒から外れた自然のなかで
至極の時間を過ごす

北海道の壮大な自然を利用した
数々のアクティビティやイベント、
眼下に広がる雲海を眺める「雲海
テラス」など注目スポットが多く、
話題を集めている。

MAP 本書P.3 E-3
☎ 0167-58-1111（代表電話）
🏠 占冠村中トマム　🚉 JR札幌駅から特急と
かちもしくは特急おおぞらでトマム駅下車、
送迎バスで10分　Pあり

ACCESS
鉄道 JR札幌駅からJR特急とかちもしくは
特急おおぞらで約1時間40分 車 札幌市内
から札樽自動車道など利用で約150Km

リゾナーレトマム
高台にある針葉樹の森にたたずむリゾートホ
テル。客室は全室100㎡以上で、展望ジェッ
トバス・プライベートサウナも備える。北海道
にちなんだ書籍を揃えるBooks&Cafeも併設。

トマム ザ・タワー
リゾートの中心に建つ特徴的なタワー。一般
的なファミリールームのほかに、愛犬と一緒に
過ごすことができる「愛犬ルーム」なども用意
されている。

Cloud Walk
壮大な空を
散歩する

まるで雲の上を歩いているような感
覚を味わえる人気展望スポット。地
面からせり出した吊り橋のような構
造で、地面からの高さは最大約
10m、歩行距離は57mにも及ぶ。
時季の目安 5 ～ 10月
写真提供：星野リゾート　トマム

Cloud Bar
雲海を眺めて
ひと休み

2019年夏にオープンし
た、バーカウンターを
イメージした展望スポ
ット。

Cloud Pool
雲上の景色と
体験を満喫

巨大なハンモックに乗っ
て、まるで雲の上に浮か
んでいるような体験を楽
しもう。

Cloud Bed
ふわふわの雲で
至福の時間を

弾力のあるクッションが
設置されており、ゆった
りくつろぎながら雲海を
眺められる。

Experience

敷地内には多様なアクティビティが楽しめる施設が点在。北海道ならではの経験を楽しもう。

ファーム

約100haの面積を持ち、リゾート開発前ののどかな風景を残したこのエリアでは、ヤギや羊などの動物たちと一緒に過ごすことができる。ファームの牛から搾ったミルクで作ったソフトクリームも味わいたい。

ミナミナビーチ

ガラス張りの館内は常に30℃以上に保たれており、寒さの厳しい北海道でも常夏のリゾート気分が味わえるインドアビーチ。日本最大級のウェーブプールも備える。

水の教会

世界的建築家の安藤忠雄が設計した、自然に囲まれた教会。水・光・緑・風に触れるこの空間では、心も体も解放的な気持ちに。

🔹本物の羊を数えながら昼寝を楽しむことができるハンモックもある
🔹牧草で作られた巨大ベッドでのどかな時間を過ごせる
🔹放牧する牛から搾って製造する乳製品もおすすめ

Restaurant

20店舗以上の多彩な種類のレストラン。ランチやディナー、カフェやバーが揃うほか、北海道名物のジンギスカンやザンギなどもいただける。

OTTO SETTE TOMAMU

イタリアの郷土料理を北海道ならではの食材で提供する、本格レストラン。北海道の自然を用いた独創的なイタリア料理がいただける。

ビュッフェダイニングhal-ハル-

北海道自慢の海の幸にこだわったビュッフェダイニング。なかでもカニやサーモンを使った料理が特に人気。

森のレストランニニヌプリ

「肉ビュッフェ」をコンセプトとしたディナーでは、北海道を代表する3種の肉や飲み放題のビールが楽しめる。

Event

北海道の特色を全面に押し出した、独自のイベントが盛りだくさん!

🔹氷のホテルはすべて氷でできており、1日1組限定で宿泊もできる
🔹毎年冬限定でオープンする霧氷テラス

アイスヴィレッジ

冬にはマイナス30℃にもなるトマムだからこそ見ることができる、氷の街。カラフルに光る幻想的な景色や寒さを生かした体験が楽しめる。

民族共生の象徴として注目を集めるエリア

白老
しらおい

アイヌ文化を色濃く残し、北海道の歴史が感じられる自然豊かでのどかな町。

歴史と自然が融合した、アイヌ文化が根付く地

アイヌ語が町名の由来となっている白老町。山や川、湖沼などが多く、北海道の壮大な自然をそのままに残している。北海道の先住民であるアイヌの人々が町の歴史の基礎を築いており、2020年7月にはアイヌ文化の振興等を目的とした「ウポポイ」（P.26）がこの地に開業したことで注目を集めている。

MAP 本書P.2 C-4
☎0144-82-2216（白老観光協会）

ACCESS

鉄道 新千歳空港から快速エアポート、南千歳駅乗り換え、JR特急北斗ほか53分
車 新千歳空港から道央道経由約53km

木々に包まれた癒やしスポット

ポロト自然休養林
ポロトしぜんきゅうようりん
MAP 本書P.2 C-4

豊かな自然に囲まれたポロト湖の周囲には約6kmの散策路や湿原、キャンプ場などがあり、四季折々の自然の彩りを間近に感じられる。

☎0144-82-2216（白老観光協会）　所白老町白老　開休料見学自由　交JR白老駅から徒歩15分　P50台

↑アイヌ語でポロト湖は「大きな沼」を表す

自然あふれるこだわり空間

ナチュの森
ナチュのもり
MAP 本書P.2 C-4

2つのスキンケア会社が運営する、工場と庭園を1つにした「工園」。美と健康へのこだわりが詰まった工場やショップ、香りの体験や、モノづくりのワークショップ体験施設などがあり、大人から子どもまで楽しめる施設が揃う。

☎0144-84-1272　所白老町虎杖浜393-12　開10:00～17:00　休水・木曜（祝日の場合は営業）　交JR登別駅から車で8分　Pあり（150台）

↑直営店だからこそのサービスを提供するショップ

↑食材にこだわったカフェ＆レストランも

↑スキンケア会社ならではの贅沢なサロンも体験

香りの不思議体験や、自分に合った香りを見つけることができるパフュームバーも楽しめる

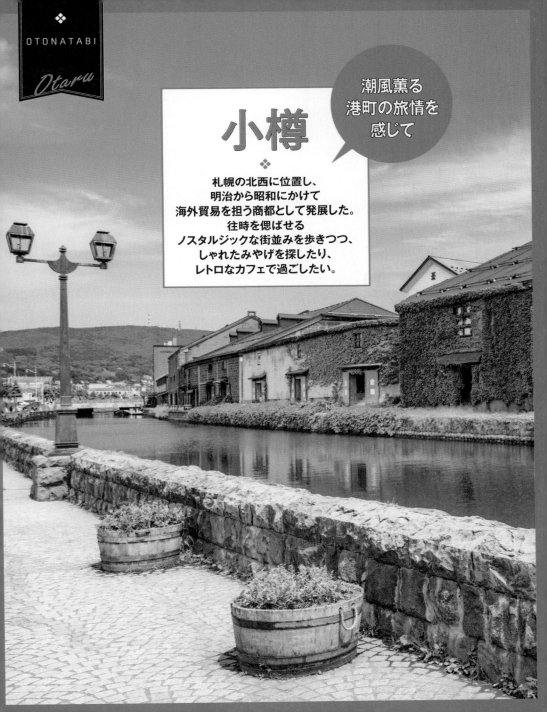

OTONATABI

Otaru

小樽

潮風薫る
港町の旅情を
感じて

❖

札幌の北西に位置し、
明治から昭和にかけて
海外貿易を担う商都として発展した。
往時を偲ばせる
ノスタルジックな街並みを歩きつつ、
しゃれたみやげを探したり、
レトロなカフェで過ごしたい。

エリアと観光のポイント
小樽はこんな街です

貿易港を有した商業都市の名残で、見どころは駅から
小樽運河にかけて徒歩でまわれる範囲に集中する。

小樽観光最大のハイライト
小樽運河周辺 →P.110
おたるうんが

大正期に完成した運河沿いに石造りの
倉庫群が並ぶ、情感ある景観が魅力。
日中のクルージングだけでなくナイトク
ルーズや、ガス灯が灯る幻想的な夜景
も楽しみたい。

| 観光の ポイント | 小樽運河 P.110 小樽運河クルーズ P.111 |

ライトアップ
された景色は
ロマンティック

商都として栄えた面影を残す
北のウォール街 →P.116
きたのウォールがい

かつては銀行や商社が並ぶ金融街だっ
た一帯。重厚で歴史を感じさせる洋風
建築物が今も残り、金融の仕組みを知る
ことができる資料館、レストランや
ショップなどに使用されている。

| 観光の ポイント | 日本銀行旧小樽支店 金融資料 館P.118 |

駅舎もレトロな小樽の玄関口
小樽駅周辺
おたるえき

撮影スポットとしても人気がある、昭和
初期の建設当時の外観に改装された
駅の周辺には、地元民にも愛される飲
食店のほか、中小の商店、アーケード
街がある。また、観光スポットへのアク
セスも良好で、ホテルも集まっている
ので宿泊はこのエリアがおすすめ。

| 観光の ポイント | 三角市場 P.118 |

冬になると
さまざまな種類の
カモメがやってくる

小樽

ニシン漁で栄えた海の街
祝津
しゅくつ

明治後期にはニシン漁が最盛期を迎え、漁師町として栄えたエリア。かつての栄華が残る建物でおいしい海産物を食べたり、海遊びを楽しむことができる。

観光のポイント	おたる水族館 P.119
	にしん御殿小樽貴賓館旧青山別邸 P.118

小樽みやげのショップが並ぶ
堺町通り周辺 →P.112
さかいまちどおり

小樽ガラスやオルゴールといった工芸品から人気の菓子まで、小樽みやげ探しに最適なショップで賑わうショッピングストリート。

観光のポイント	小樽洋菓子舗ルタオ本店 P.128
	北一硝子三号館 P.126

色内ふ頭
旭橋
竜宮橋
月見橋

第三ふ頭

小樽運河周辺
中央橋
⭐ 小樽運河クルーズ

⑰ ⭐ 小樽運河

第二ふ頭

北のウォール街
浅草橋
⭐ 小樽芸術村
日銀通り
⭐ 旧三菱銀行小樽支店
⭐ 旧第一銀行小樽支店
⭐ 旧北海道銀行本店
⭐ 日本銀行旧小樽支店
金融資料館

港町ふ頭

臨港線

堺町通り ⭐ ⑰

堺町通り周辺

⭐ 北一硝子三号館

中央ふ頭
薬師大師

職人坂
花園橋

浮世通
昭和通
花園グリーンロード

⭐ 小樽洋菓子舗ルタオ本店

⑰

🚉 南小樽駅
🚗 小樽IC

（ 交通information ）

小樽の移動手段
市内中心部は小樽駅を基点にして徒歩で観光を楽しむのが基本だが、市内を走る北海道中央バスのバスを利用してもいい。小樽運河より北側へは路線バスで、堺町通りより南側はJRで南小樽駅、小樽築港駅に移動しよう。

周辺エリアとのアクセス

鉄道・バス

JR新千歳空港駅	JR富良野駅
⟳快速エアポートで37分	⟳特急カムイ/特急ライラック(滝川駅乗り換え)で3時間

JR札幌駅
⟳快速エアポートで33分

JR小樽駅

車

新千歳空港IC	富良野
⟳道央自動車道、札樽道経由47km	⟳国道38号、道央自動車道(滝川ICから)経由144km

札幌北IC
⟳札樽道経由31km

JR小樽駅

問い合わせ先

観光案内
小樽駅観光案内所	☎0134-29-1333
小樽国際インフォメーションセンター	
	☎0134-33-1661

浅草橋街園観光案内所
	☎0134-23-7740
小樽観光協会	☎0134-33-2510
小樽市観光振興室	☎0134-32-4111
余市観光協会	☎0135-22-4115

交通
JR北海道電話案内センター	
	☎011-222-7111
北海道中央バス小樽ターミナル	
	☎0134-25-3333

プレミアム滞在モデルプラン

小樽
おとなの1日プラン

貿易港として栄えた頃の面影が残るノスタルジックな街。小樽には歴史的建築物をリノベーションした美術館やカフェなどが点在。小樽みやげが揃う港町でショッピングも楽しみたい。

◆往時の雰囲気が今も残されている小樽運河

小樽●モデルプラン

9:20	JR小樽駅
	↓ 約10分 小樽駅から徒歩
9:30	北のウォール街
	↓ 約3分 日本銀行旧小樽支店から徒歩
10:30	小樽芸術村
	↓ 約3分 小樽芸術村から徒歩
12:00	小樽運河
	↓ 約10分 小樽運河から徒歩
15:00	北一ホール
16:00	堺町通り
	↓ 約20分 北一ホールから徒歩
18:00	JR小樽駅

◆旧北海道拓殖銀行内の似鳥美術館には工芸品も展示

潮風を感じながら港町の歴史にふれる

かつて商都として栄えた港町でノスタルジックな旅情に浸る

石造りの重厚な建物が立ち並ぶ 北のウォール街 を散策

日本銀行旧小樽支店 金融資料館 ➡P.118
にっぽんぎんこうおたるしてん きんゆうしりょうかん

北海道の経済の中心だった小樽には、築100年を超える銀行建築が数々と残る。そのなかでもひときわ目立つ日本銀行は、歴史や金融の仕組みを紹介する施設に。模擬体験など興味深い展示が多数。

◆北海道経済を担った小樽の象徴的建物

歴史的建造物を利用した 小樽芸術村 を見学

小樽芸術村 ➡P.114
おたるげいじゅつむら

20世紀前半に建てられた歴史的建造物を利用した美術館。絵画やガラス作品など美術・工芸品が見られるほか、旧三井銀行小樽支店では、当時の資料とともに天井に映し出されるプロジェクションマッピングも見られる。

◆西洋美術館のランプ

◆ステンドグラス美術館のステンドグラスはイギリス製

小樽運河 で
クルーズを満喫

小樽運河クルーズ ➡ P.111
おたるうんがクルーズ

石積みの倉庫が並ぶ、ノスタルジックな運河でクルーズに参加。クルーズのあとは水上からの景色と地上からの景色を比べ運河沿いを散策。

⟶異国情緒あふれる街並みを眺めながら散歩したい

プランニングのアドバイス

札幌から小樽までは、鉄道やバスが通りアクセスも良好なので日帰りでも楽しめる。小樽に宿泊するなら、夕食後ライトアップされた小樽運河を訪れてみよう。ナイトクルージングも実施しており、日中とは違った雰囲気を楽しむことができる。小樽を起点にウイスキーの街である余市(P.132)や絶景が望める積丹半島(P.134)へ足を延ばすこともおすすめ。おすすめは港町が誇る絶品蝦夷前寿司(P.120)。新鮮魚介と職人の技を堪能したい。運河周辺の倉庫などのレトロな建物をリノベーションしたダイニング(P.124)でいただく洋食も格別だ。小樽の厳選素材を使用した店が並ぶ小樽出抜小路(P.118)でソウルフードを楽しむことも。

⟶船頭さんによる案内を楽しみながら間近で歴史的建築が見られる

↑小樽を代表する寿司の名店、おたる 政寿司 本店(P.121)

倉庫をリノベーションした
レトロカフェ で休憩

北一ホール ➡ P.123
きたいちホール

石油ランプが灯るカフェでレトロな雰囲気を楽しみながらゆっくり過ごしたい。スイーツだけでなく御膳なども提供。

小樽みやげを探しに
堺町通り でショッピング

小樽キャンドル工房 ➡ P.112
おたるキャンドルこうぼう

手作りのキャンドルが並ぶ店内にはカフェも併設する。

北一硝子三号館 ➡ P.113
きたいちがらすさんごうかん

石油ランプの製造から始まった老舗。実用的なグラスやお皿、ガラスでできたかわいいオーナメントなどが並ぶ。

↑海産物の倉庫をリノベーションした店内は、やさしい光のランプが灯る幻想的な空間

⟶北一特製ミルクティソフト

小樽 おとなの1日プラン

運河沿いにノスタルジックな倉庫が並ぶ

小樽運河

おたるうんが

北海道開拓の玄関口として栄えた小樽。
船舶からの荷揚量の増加に対応するため
水路を造ったのが運河の始まりとなる。

観光のポイント

運河から倉庫を眺める運河クルーズが人気

夜にはガス灯がともり、昼間とは違った雰囲気が楽しめる

「小樽雪あかりの路」の会場になる冬もおすすめ

⬆ゆるやかに湾曲しているのが小樽運河の特徴

⬆人力車で巡ることもできる

大正から昭和初期にかけての往時の雰囲気が残る

大正12年(1923)に完成した運河。貨物の荷揚のために造られたが、戦後、港の埠頭岸壁の整備により、ほぼ使われなくなった。1960年代、運河を埋め立てることも検討されたが、保全運動が起こり、一部は当時の姿を残しつつ整備されることになる。現在は、その郷愁を誘う雰囲気から、北海道有数の観光スポットとして定着。多くの観光客が訪れている。

小樽運河周辺 **MAP** 付録P.13 E-2

☎0134-32-4111(小樽市産業港湾部観光振興室) 所小樽市港町 開休料見学自由 交JR小樽駅から徒歩10分 Pなし

小樽運河をクルーズで巡る

明治期に貿易港として栄えたノスタルジックな街を水上周遊

小樽運河クルーズは、主に運河内を観光船で巡る約40分のコース。石造りの倉庫群をしっかりと見ることできるデイクルーズのほか、ガス灯が輝く幻想的な空間を楽しめるナイトクルーズも人気が高い。冬季も営業しており雪のなかの倉庫群も美しい。

⬆地上からと水上からでは違った景色を楽しむことができる

↑ 雪か積もるとより幻想的な
雰囲気が漂う小樽運河

小樽運河

小樽運河クルーズ
おたるうんがクルーズ

MAP 付録 P.13 E-1

クルーズは30分間隔で運航している。特に日没時間前後のクルーズは人気のため、予約しておきたい。季節によって終了時間が異なるため、HPで確認を。

☎0134-31-1733 🏠小樽市港町5-4
🕐電話受付は運行時間により変動 🈺臨時運休日あり 🈯デイクルーズ1800円／ナイトクルーズ2000円、小学生以下500円(小学生未満は大人1名につき1名無料) 🚃JR小樽駅から徒歩10分 🅿なし **URL** otaru.cc

↑小樽港

月見橋

旭橋

北浜橋

竜宮橋

中央橋

浅草橋

●受付&乗り場

ℹ浅草橋街園
観光案内所

JR小樽駅
運河プラザ

P.118 小樽出抜小路 **R**

北浜橋
北浜橋から北側は「北運河」と呼ばれ、運河の幅が40mと昔のまま。

竜宮橋
竜宮橋付近では鉄筋コンクリート造りの倉庫を見ることができる。

中央橋
運河クルーズのチケット売り場、発着場はこの橋のそばにある。

浅草橋
記念写真を撮る人が多い、小樽運河で一番人気のビュースポット。

堺町通り
さかいまちどおり

小樽運河のほど近くにある通りは
レトロな建物が並ぶ買い物スポット。
趣ある建物を眺めながら散策しよう。

△観光客が多く訪れる、小樽観光の拠点

ノスタルジックな建物を利用した
雑貨店やカフェなどが並ぶ

堺町通りは、於古発川からメルヘン交差点まで
の一方通行の通り。かつては卸商や新聞社など
が軒を連ねていたが、現在はその歴史的な建物
を再利用した店舗が並んでいる。

P.118
小樽出抜小路 R

旧百十三銀行小樽支店 P.117
か主栄本社前
S 小樽浪漫館
S 桑田屋本店 P.129

P.127
大正硝子館 S

海鳴楼 S
日銀通

堺橋

S 水芭蕉

旧第一銀行小樽支店 P.116
R 利久亭

★小樽芸術村 P.114

海宝楼●
(旧板谷邸)

鮨処よし P.120
R

異国情緒漂う空間
小樽浪漫館
おたるろまんかん

堺町通り **MAP** 付録P.13 E-2
ガラスや天然石のアクセ
サリーを中心に雑貨、グ
ッズを取り扱う。

△明治41年(1908)建造の旧
百十三銀行小樽支店の建物を
利用

☎0134-31-6566 所小樽市
堺町1-25 営9:30～17:30
休無休 交JR小樽駅から徒歩
12分 Pなし

↻各種天然石アクセサリーは
1100円～。深海ブルーブレス
レット1045円～

↻人気のクリスタルキャッツ
アイペンダント1980円～

手作りキャンドルが人気
小樽キャンドル工房
おたるキャンドルこうぼう

堺町通り **MAP** 付録P.13 E-2
ショップとカフェがひとつの
空間に融合している。200点以
上のキャンドルとキャンドル
関連商品が並ぶ。

☎0134-24-5880 所小樽市堺町
1-27 営10:00～18:00(季節により
異なる) 休無休(カフェは金曜)
交JR小樽駅から徒歩12分 Pなし

△石造りの倉庫を改装した建物

↻運河の風景が
内側に彫られた
キャンドルホル
ダー、小樽運河
シルエットホル
ダー1870円

↻モザイクガラスキャ
ンドルホルダー1650円。
キャンドルを灯すとち
りばめたカラフルなガ
ラスがきらめく

チョコレートの専門店
ヌーベルバーグ ルタオ ショコラティエ小樽本店
ヌーベルバーグ ルタオショコラティエおたるほんてん

堺町通り **MAP** 付録P.13 F-3　➡P.128

ルタオ唯一のチョコレート専門店。期間限定のものも多いのでチェックしておきたい。

⬆ここでしか買えない限定商品もあるので要チェック

⬆ナッツやドライフルーツを使用したチョコレート、サンテリアン1本594円

⬆小樽観光には欠かせない店

小樽ガラスの名店
北一硝子三号館　➡P.126
きたいちがらすさんごうかん

堺町通り **MAP** 付録P.13 F-3

漁業用倉庫を改装した敷地の広い三号館。各フロアではガラス製品を展示・販売し、幻想的な空間の北一ホール(P.123)も併設。

全国で人気を博す洋菓子店
小樽洋菓子舗ルタオ本店
おたるようがしほルタオほんてん　➡P.128

堺町通り **MAP** 付録P.13 F-4

今や全国的に人気を得ているルタオの本店。2階のカフェで作りたてのケーキが楽しめる。

⬆カフェでは生ドゥーブルフロマージュが味わえる

⬇かわいらしい外観。大きな塔が目印に

北一ヴェネツィア美術館　P.128
Ｓルタオ プラス
Ｓルタオ パトス　P.128
Ｓ北一硝子三号館
Ｒ北一ホールP.123
ヴェネツィア美術館◆
可否茶館◆
北一硝子Ｓ
ふじ鮨Ｒ
北の漁場Ｒ
★
北菓楼Ｓ
小樽洋菓子舗ルタオ本店
小樽オルゴール堂本館
北一硝子前
六花亭楼
北一プラザ
Ｒ磯鮨
Ｓみのや
Ｒポセイ丼
Ｓ木になるおみやげ
Ｓ雪印パーラー
Ｓほっこり家
ヌーベルバーグルタオショコラティエ小樽本店Ｓ
Ｓ北一硝子クリスタル館
i観光案内所
小樽堺町局〒
スーベニールオタルカン
Ｓ銀の鐘一号館
メルヘン交差点
入船通
Ｒベリーベリーストロベリー
メルヘン
旧寿原邸●
★水天宮
堺町通り

本場のガラス作品を堪能
北一ヴェネツィア美術館
きたいちヴェネツィアびじゅつかん

堺町通り **MAP** 付録P.13 F-3

イタリア・ヴェネツィアのガラス作家の作品約3000点を展示。年4回の特別展のほか、常設展も季節ごとに作品を替えている。

⬇ヴェネツィアの宮殿がモチーフ

⬆イタリア製のドレスを着て記念撮影(有料)
☎0134-33-1717　所小樽市堺町5-27　営9:00～17:30
休無休　交JR小樽駅から徒歩20分　Pなし

目と耳で空間を楽しむ
小樽オルゴール堂本館
おたるオルゴールどうほんかん

堺町通り **MAP** 付録P.13 F-4

ガラス製のオリジナル製品をはじめ、木製、陶器など3万8000点以上のオルゴールが並ぶ。

☎0134-22-1108　所小樽市住吉町4-1　営9:00～18:00(夏期の金・土曜、祝前日は～19:00)　休無休　交JR南小樽駅から徒歩7分　Pなし
⬇建物はもともと米穀商の本社屋だった

⬆かわいらしいガラスの天使オルゴール各4000円～

⬇オリジナルの蒸気時計オルゴール5940円

⤴旧北海道拓殖銀行小樽支店を改装した似鳥美術館

色内銀行街を代表する建築を活用した4つの施設

小樽芸術村
おたるげいじゅつむら

北のウォール街 MAP 付録P.13 E-2

北海道の経済繁栄の基盤となり、色内銀行街と呼ばれる小樽。レトロな造りの建物が並ぶ独特なエリア。

小樽が栄華を誇った時代の世界中の美術工芸品が集まる

明治初期から北海道の海の玄関口として栄えた小樽。金融機関や船会社、商社などが進出したことにより、経済の中心地として北海道の発展を支えた。そんな小樽の華やかな時代を象徴する歴史的建造物を利用し、美しいステンドグラスなどの作品を展示する美術館など、見応えある施設が並ぶ。

☎0134-31-1033 🏠小樽市色内1-3-1 🕘9:30〜17:00 11〜4月10:00〜16:00 🈺第4木曜(11〜4月は水曜)※臨時休館日あり 💴4館共通券2900円 🚶JR小樽駅から徒歩10分 🅿あり(提携駐車場)

⤴建築当時の銀行の姿をとどめた内部が見学できる

「北日本随一の経済都市」と称された小樽の繁栄を象徴する建物

旧三井銀行小樽支店
きゅうみついぎんこうおたるしてん

最盛期には25行もの銀行が存在していた金融の街・小樽。その面影を残す建物が旧三井銀行小樽支店だ。石積みの古典的な外観や吹き抜けの回廊が当時の栄華を物語る。

⤴地下には貸金庫室も

↑透明なガラスに彫刻的な造形が映える作品

↑カメオ彫りや被せガラスなどの技法を凝らした色とりどりのランプ

↑ジャック・グリュベール『睡蓮とアイリス』

19〜20世紀の家具や繊細な西洋美術品が集まる
西洋美術館
せいようびじゅつかん

小樽芸術村4つ目の美術館として2022年にオープン。旧浪華倉庫を活用した空間にアール・ヌーヴォー、アールデコの彫刻やグラス、家具などが展示されている。

↑展望ラウンジからは装飾美術とステンドグラスを同時に楽しめる

↑ドイツの名窯マイセンが手がけた優美な陶器の彫刻がズラリ

珠玉のステンドグラス作品や絵画・彫刻が並ぶ
似鳥美術館
にとりびじゅつかん

広い館内には5つのフロアがあり、ステンドグラスのほか、国内外の絵画や彫刻など多彩な美術品が揃う。

↑立体的なガラスを駆使した革新的な技法が特徴

↑1階のルイス・C・ティファニーステンドグラスギャラリー。展示作品の多くは実際にアメリカの教会に飾られていた

薄暗い館内で優雅にきらめくイギリスのステンドグラス
ステンドグラス美術館
ステンドグラスびじゅつかん

↑聖書のワンシーンを描いたものなど、実際の教会に飾られたステンドグラスを展示

19世紀後半から20世紀初頭にかけてのイギリスで制作されたステンドグラスが展示されている。館内はステンドグラス越しの荘厳な光が満ちて幻想的な雰囲気が漂う。

115

日本銀行旧小樽支店
にっぽんぎんこう
きゅうおたるしてん

MAP 付録P.13 D-2

東京駅の設計者・辰野金吾や長野宇平治、岡田信一郎らが設計を担当、明治45年(1912)に建築されたルネサンス様式の建物。現在は金融資料館となっている。

🏠小樽市色内1-11-16
🚃JR小樽駅から徒歩10分
※現在は日本銀行旧小樽支店 金融資料館

➡色内銀行街を代表する建築物

色内銀行街の繁栄を今に伝える金融ビル群を見る

レトロ建築探訪

港町として栄えた小樽には日本銀行をはじめ多くの金融機関が色内周辺に集まった。現在でも築100年以上の銀行建築が数多く残る。

旧安田銀行小樽支店
🚇三角市場 P.118　★小樽運河 P.110
旧北海道拓殖銀行小樽支店
中央通
手宮線跡地。
旧三菱銀行小樽支店
小樽駅
長崎屋
旧北海道銀行本店
市立小樽文学館・市立小樽美術館
日本銀行旧小樽支店
旧第一銀行小樽支店
浅草通
旧百十三銀行小樽支店
寿司屋通

旧第一銀行小樽支店
きゅうだいいちぎんこうおたるしてん

MAP 付録P.13 E-2

大正13年(1924)建築の鉄筋コンクリート造4階建て。外観はシンプルに改装されている。

➡外観はシンプルだが重厚な造り

🏠小樽市色内1-10-21
🚃JR小樽駅から徒歩12分
※現在はミユキソーイング株式会社

旧安田銀行小樽支店
きゅうやすだぎんこうおたるしてん

MAP 付録P.13 D-2

昭和5年(1930)の建築。重厚感あふれる典型的な銀行建築で、大きな8本の円柱が特徴的。

🏠小樽市色内2-11-1
🚃JR小樽駅から徒歩7分

➡ひときわ目を引く建築物。内部は2階部分が回廊になった天井の高い吹き抜け構造

旧百十三銀行小樽支店

きゅうひゃくじゅうさんぎんこうおたるしてん

MAP 付録 P.13 E-2

明治41年(1908)築の木骨石造2階建て。建築当時の外壁は石造りだったが、のちにレンガタイルを貼り現在の姿に。

所 小樽市堺町1-25
交 JR小樽駅から徒歩12分 ※現在は小樽浪漫館

⬆ツートンカラーが印象的な外観

旧北海道拓殖銀行小樽支店

きゅうほっかいどうたくしょくぎんこうおたるしてん

MAP 付録 P.13 E-2

大正12年(1923)に建てられた当時の小樽を代表する建築物。銀行のほか、貸し事務所として使われていた。

⬆小樽経済の最盛期に竣工した建物のひとつ

所 小樽市色内1-3-1
交 JR小樽駅から徒歩10分
※現在は小樽芸術村

⬆「北のウォール街」の中心に位置する

旧三菱銀行小樽支店

きゅうみつびしぎんこうおたるしてん

MAP 付録 P.13 E-2

大正11年(1922)の完成。当初は外壁にレンガ色のタイルが貼られていたが、昭和初期に現在の姿に。6本の円柱が印象的だ。

所 小樽市色内1-1-12 交 JR小樽駅から徒歩11分
※現在は小樽運河ターミナル

旧北海道銀行本店

きゅうほっかいどうぎんこうほんてん

MAP 付録 P.13 D-2

明治45年(1912)築。現在は北海道中央バスの本社、およびワインカフェ＆ショップとなっている。

所 小樽市色内1-8-6
交 JR小樽駅から徒歩7分
※現在はワイン＆カフェレストラン小樽バイン

⬆現在の北海道銀行と旧北海道銀行とは無関係

小樽の見どころ

歴史ある港町のお楽しみスポット

もっと小樽を知る

小樽が繁栄したのは19世紀末から20世紀初頭のこと。北のウォール街や鰊御殿に面影が残る。
新しい街の息吹を感じるならウォーターフロントに。南に連なる毛無山からは街の眺望が楽しめる。

小樽 ● 歩く・観る

小樽出抜小路

おたるでぬきこうじ

小樽運河周辺 **MAP** 付録P.13 E-2

古き良き時代の賑わい

「北の商都・小樽」をイメージしたレトロな風情あふれる屋台村。小樽の厳選素材を使った天ぷら店や焼き鳥店、テイクアウト店など19軒の店と「人力車 えびす屋」がある。

☎0134-24-1483(協和総合管理) 所小樽市色内1-1 営休店舗により異なる 交JR小樽駅から徒歩10分 Pなし

↑小樽運河に架かる浅草橋のすぐそば。火の見やぐらが目印

←「小樽チュロス」のチュロス(5種)1個450円は長さ35cmとビッグサイズ!

◎たっぷりのズワイガニと紅ズワイガニをモチモチの皮で包んだ「運河家」のカニ饅1個500円

三角市場

さんかくいちば

小樽駅周辺 **MAP** 付録P.12 C-2

地元客にも観光客にも人気

小樽駅前広場の北側の一角にある市場。第二次世界大戦後ほどなくしてできた市場で、近海の安価な海産物はもちろん地産の野菜や果物、日用品の店や食堂もある。

☎0134-23-2446 所小樽市稲穂3-10-16 営8:00〜17:30 休無休 交JR小樽駅から徒歩2分 Pあり

↑新鮮な魚介が揃う

↑三角の土地に三角屋根が目印

日本銀行旧小樽支店 金融資料館

にっぽんぎんこうきゅうおたるしてん きんゆうしりょうかん

北のウォール街 **MAP** 付録P.13 D-2

北のウォール街に建つ洋館

2002年までの90年間、日本銀行小樽支店として機能し、翌年には金融資料館として開館。5つのドーム型の塔を持つルネサンス様式の建物。

☎0134-21-1111 所小樽市色内1-11-16 営9:30(12〜3月10:00)〜17:00(入館は〜16:30) 休水曜(祝日の場合は開館) 料無料 交JR小樽駅から徒歩10分 Pなし

↑日本銀行の歴史や業務がわかる

小樽市鰊御殿

おたるしにしんごてん

祝津 **MAP** 付録P.12 B-1

現存する鰊御殿では最大級

明治から昭和初期にかけてニシン漁で隆盛を極めた北海道日本海沿岸。泊村から移築された鰊御殿で当時の様子を紹介。

☎0134-22-1038 所小樽市祝津3-228 営9:00〜17:00(10月中旬〜11月下旬は〜16:00) 休11月下旬〜4月上旬 料300円、高校生150円、中学生以下無料 交JR小樽駅から北海道中央バス・小樽水族館行きで18分、終点下車、徒歩5分 Pあり ※2024年1月現在休館中

↑昭和35年(1960)に文化財指定

↑趣ある建築を見学できる

にしん御殿 小樽貴賓館 旧青山別邸

にしんごてん おたるきひんかん きゅうあおやまべってい

祝津 **MAP** 付録P.12 B-1

道内屈指といわれる豪邸

貴賓館の敷地内、旧青山別邸はニシン漁で財を成した青山家の3代目が建てた豪奢な鰊御殿。国の登録有形文化財に。

☎0134-24-0024 所小樽市祝津3-63 営9:00〜17:00(11〜3月は〜16:00、12月29〜31日は〜15:00) 休無休 料1100円、小学生550円 交JR小樽駅から北海道中央バス・小樽水族館行きで14分、祝津3丁目下車、徒歩5分(夏期は小樽貴賓館下車すぐ) Pあり

↑3代目の娘・政恵が17歳のとき、夢を叶えるため贅を尽くして建築

←ボタンの成長を人の一生にたとえた牡丹の間

おたる水族館

おたるすいぞくかん
祝津 **MAP** 付録P.12 B-1

北の海の厳しさを知る

大小62の水槽に約250種類以上5000点の魚類、海獣、鳥類などを飼育、展示する。イルカやペンギンのショーもある。

☎0134-33-1400 所小樽市祝津3-303 開9:00（12月中旬～2月下旬10:00）～17:00（10月中旬～11月下旬・12月中旬～2月下旬は～16:00）休11月下旬～12月中旬、2月下旬～3月中旬 料1800円 交JR小樽駅から北海道中央バス・小樽水族館行きで18分、終点下車、徒歩1分 Pあり

↑トドのダイビングは迫力満点

↑ペンギンショーも人気

↑アザラシ、トド、セイウチ等のひれあし類の飼育頭数日本一

田中酒造亀甲蔵

たなかしゅぞうきっこうぐら
南小樽 **MAP** 付録P.12 B-3

造り酒屋の歴史を伝える

田中酒造は明治32年（1899）に創業した、小樽唯一の老舗造り酒屋。製造場である亀甲蔵では、いつでも誰でも見学と試飲ができる。

☎0134-21-2390 所小樽市信香町2-2 開9:05～17:55 休無休 料無料 交JR南小樽駅から徒歩5分 Pあり

↑小樽市の歴史的建造物にも指定

↑代表銘柄「宝川」など試飲可能

ウイングベイ小樽

ウイングベイおたる
築港 **MAP** 付録P.12 B-3

ウォーターフロントを彩る

小樽築港駅に直結し、小樽港に沿ってひときわ高くそびえる大型施設。ショッピングモール、スーパー、シネマ、ゲームセンター、ホテルなどが揃う。

☎0134-21-5000 所小樽市築港11 開10:00～20:00（季節により異なる）休無休 交JR小樽築港駅から徒歩5分 Pあり

↑館内散策も楽しい複合施設

毛無山展望所

けなしやまてんぼうしょ
天神 **MAP** 付録P.12 B-4

小樽市街の夜景が美しい

小樽築港駅の背後にそびえる毛無山の山腹にある展望所。標高約470m。赤井川へ続く国道393号沿いにあり、ドライブがてら立ち寄りたい。

☎0134-32-4111（小樽市産業港湾部観光振興室）所小樽市天神4 開見学自由 休11月下旬～4月上旬 料無料 交JR小樽駅から車で20分 Pあり

↑迫りくる周囲の山々や湾の眺望

天狗山

てんぐやま
天狗山周辺 **MAP** 付録P.12 A-3

ロープウェイに乗り絶景を満喫

標高532mの山頂に展望台を備え、日中は遠く向こうの増毛連山まで一望できる。

☎0134-33-7381（小樽天狗山ロープウェイ）所小樽市最上2-16-15 開9:00～21:00（上り最終20:48）休不定休（4月と11月にロープウェイ整備の休みあり）料ロープウェイ往復1600円 交JR小樽駅から北海道中央バス・天狗山ロープウェイ行きで20分、終点下車、徒歩1分 Pあり

↑山頂駅まで約5分でつなぐ

119

予約	要
予算	Ⓛ6000円〜
	Ⓓ1万5000円〜

↑総席数は25席。個室(座敷席)の利用については、店に問い合わせよう

一貫に凝縮される小樽の粋

名店の味を求めて
港町の寿司

小樽の寿司はなぜおいしいのか。
千石場所、自然漁港、伝統…。
説明は不要かもしれない。
前浜の素材と職人がいる限り。

おすすめメニュー
おまかせ握り 6000円
特上海鮮丼 4000円(要予約)
※税別

おまかせコース天頼(てんらい)
1万7600円
店主の目利きで、その日仕入れた旬の素材を生かした料理を提供。海山は、寿司のほか、小鉢、お造り、焼き魚などが付く。カウンター席限定

漁師経験のある店主の鮮魚料理
天然の素材使いに地元民も納得

鮨処よし
すしどころよし

北のウォール街 MAP 付録P.13E-3

目利きを磨くため漁師を体験するほどおいしさの追求に余念のない店主は調理師歴30年以上。おまかせ握りをはじめ、味もボリュームも満足の特上海鮮丼など贅沢メニュー満載だ。

☎0134-23-1256
🏠小樽市色内1-10-9 🕐11:30〜14:30(LO)
17:30〜21:30(LO20:30) 🈺木曜
🚉JR小樽駅から徒歩10分 🅿あり(3台)

↑地元だけでなく観光客や遠方からの常連も多い店だ

あくまで基本を大切に
洗練されたオリジナル料理を

すし処 浜谷
すしどころ はまや

小樽駅周辺 **MAP** 付録P.12C-2

寿司職人歴20年以上の大将が生み出す「素材そのものの旨み」を生かした料理の数々は、洗練されたものばかり。道産米を使い、器にもこだわる小樽の新星だ。

☎0134-33-2323
所小樽市稲穂2-10-3 営11:00～14:30(LO14:00) 17:00～21:00(LO20:30) 休水曜 交JR小樽駅から徒歩1分 Pあり(契約駐車場、要予約)

檜を使ったカウンター席と、テーブル席も用意されている

予約 望ましい(コースは要)
予算 L4800円～ D1万円～

⟳大ぶりでクリーミーな味の厚岸産生ガキは1個650円(右)。絶品の小鉢。ヤリイカ刺ウニ添え1800円(左)

本日のおまかせ 時価
市場から仕入れてきたその日のおすすめを握ってくれる「本日のおまかせ」は5000円～。地酒(800円～)や握りに合うワイン(600円～)と味わいたい

おすすめメニュー
鮨・懐石コース 9700円
鮨・懐石コース 1万3200円
カウンターでおまかせ 1万4000円～

小樽寿司の代表格
鮮度抜群の極上ネタを堪能

おたる 政寿司 本店
おたるまさずし ほんてん

小樽駅周辺 **MAP** 付録P.13D-3

昭和13年(1938)創業以来、小樽の味を全国に発信し続けてきた老舗。食材は板前が市場に出向き、吟味して仕入れる。単品からセットまで幅広く、1～4階まである広い店内は、家族連れにもおすすめ。

☎0134-64-1101
所小樽市花園1-1-1 営11:00～15:00(LO17:00～20:30 LOは各30分前 休水曜、ほか不定休あり 交JR小樽駅から徒歩10分 Pあり

老舗ながらモダンなしつらえの店内

予約 望ましい
予算 L4000円～ D8000円～

匠 6380円
北海道の粋を詰め込んだコースは、特上トロ、炙り中トロとお腹も心もいっぱいに。1階カウンターなら板前がひと手間加えてくれることがある

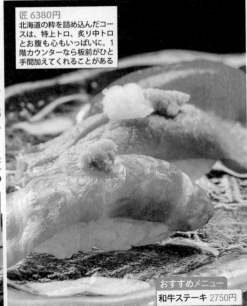

おすすめメニュー
和牛ステーキ 2750円

⟳木のぬくもりを感じる落ち着いた店内。接待に使われることも

⟳いかそうめん1540円は漁師直伝の食べ方で

⟳老舗寿司屋が並ぶ小樽の寿司屋通りにあり、観光客が多く訪れる

創業50年以上の鮮魚店が直営する海鮮食堂

味処たけだ
あじどころたけだ

小樽駅周辺 **MAP** 付録P.12 C-2

三角市場内にある武田鮮魚店直営の食堂。毎朝セリに参加して仕入れてくる魚介は鮮度、味ともに抜群。人気の丼のほか、刺身、焼き物などメニューも豊富だ。

☎0134-22-9652
所小樽市稲穂3-10-16三角市場内
営7:00～16:00 休不定休
交JR小樽駅から徒歩2分 Pあり

おまかせ丼 5000円
その時どきの旬の食材を豪快に盛り付けたイチオシの品。ほか、丼メニューは20種類

●食堂は武田鮮魚店の向かいにあり、50名ほどの団体でも利用可

旬な魚介を手ごろに楽しむ

三角市場の海鮮丼

JR小樽駅から徒歩2分ほどと抜群の立地を誇る市場で新鮮な北の味を堪能しよう。

新鮮さがウリ！人気の海鮮料理店

たべ処あい田
たべどころあいだ

小樽駅周辺 **MAP** 付録P.12 C-2

食材はすべて注文を受けてからさばくため鮮度抜群。名物のホタテも目の前で貝からはずしてくれる。丼、定食などの各種メニューはボリュームも満点だ。

☎0134-23-7688
所小樽市稲穂3-10-16三角市場内
営8:30～17:00 休不定休 交JR小樽駅から徒歩2分 Pあり

↑シマホッケ定食1200円。小鉢も付きボリューム満点

↑大きな暖簾が目印

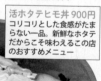
活ホタテヒモ丼 900円
コリコリとした食感がたまらない一品。新鮮なホタテだからこそ味わえるこの店のおすすめメニュー

元祖わがまま丼 2200円～
10種のネタから3品をトッピング。4品選べる4品丼は2700円。丼の大きさは普通か小サイズを選べる。

「元祖 わがまま丼」で自分好みの海鮮丼を

北のどんぶり屋滝波食堂
きたのどんぶりやたきなみしょくどう

小樽駅周辺 **MAP** 付録P.12 C-2

鮮度・安さ・良質・ボリューム・笑顔をモットーに営業する人気店。「元祖わがまま丼」は、自家製イクラ、生ウニや旬のネタなど10種類からお好みで3品または4品を選べる。予約不可。

☎0134-23-1426
所小樽市稲穂3-10-16三角市場内
営8:00～17:00 休無休
交JR小樽駅から徒歩2分
P近隣有料駐車場あり

↑八角の刺身1100円は鮮度が命。同店だからこそ味わえる

↑店はJR小樽駅側から市場に入って左奥にある

運河の街のレトロなカフェ

港町として栄えた小樽には異国情緒漂う建造物が今も残る。レトロかつモダンな雰囲気に浸りたい。

1. 石油ランプ独特の灯が幻想的 2. クリーミーであっさりとした北一特製ミルクティソフト530円

1. こぢんまりとした店内。夏にはテラス席も用意している
2. 小樽ブレンド440円 3. ゆずセイロンティー480円

三角市場の海鮮丼／レトロなカフェ

石油ランプが灯る幻想的なカフェ

北一ホール
きたいちホール
堺町通り **MAP** 付録P.13 F-3

小樽軟石の倉庫を改修してオープンしたカフェ。照明は167個の石油ランプのみで、店内にはまるで映画のワンシーンのような幻想的な空間が広がっている。種類豊富なデザートメニューのほか、食事やアルコールのメニューも充実。

☎0134-33-1993
🏠小樽市堺町7-26
⏰9:00〜17:30
(LO17:00) ❌無休
🚉JR南小樽駅から
徒歩9分 🅿あり

レトロな雰囲気のカフェでひと休み

Cafe DECO
カフェ デコ
堺町通り **MAP** 付録P.13 E-2

アクセサリーや雑貨を販売する小樽浪漫館(P.112)内にあるカフェ。アンティーク調の家具などをレイアウトした店内は落ち着いた雰囲気が漂っており、散策の足休めにもピッタリ。

☎0134-31-6566
(小樽浪漫館)
🏠小樽市堺町1-25 ⏰
10:00〜17:00(LO16:30)
❌月〜金曜 🚉JR小樽駅
から徒歩12分 🅿なし

⬆大きな仕込み釜が印象的な店内。釜は現役で活躍している

異国と出合った街で育まれた美食を味わう

リノベーションダイニング

郷愁を誘う雰囲気のなか、貿易港として栄えた港町ならではの洋食が楽しめるダイニングへご招待。

⬆晴れた日にはテラスで
➡石造りの倉庫をリノベーション

小樽運河沿いにある
本格的なビアパブ

小樽ビール 小樽倉庫No.1

おたるビール おたるそうこナンバーワン

小樽運河周辺 MAP 付録P.13 E-2

おすすめメニュー	
自家製ソーセージプレート	1078円
ブレッツェル	418円
シュバイネブラーテン	1628円

予約	不要
予算	Ⓛ1750円～ Ⓓ2500円～

ドイツ人のブラウエンジニアが醸造する本格ドイツビールと地元食材を使った料理が楽しめる。また、醸造所の見学も随時行っている。

☎0134-21-2323
所小樽市港町5-4 営11:00～22:00（LO21:00） 休無休 交JR小樽駅から徒歩12分 Pなし

➡ピルスナー（左）はなめらかな喉ごし、ヴァイス（中央）はフルーティな香り、ドンケル（右）はクリーミーな泡立ちが特徴のビール

⬆自家製ソーセージプレートは白ソーセージ「ヴァイスブルスト」ほか3種のセット

北海道産ワインと
地産料理をじっくりと味わう

ワイン&カフェレストラン
小樽バイン

ワイン&カフェレストランおたるバイン

北のウォール街 **MAP** 付録P.13 D-2

明治45年(1912)に建てられた旧北海道銀行本
店(P.117)内にあるワイン&カフェレストラ
ン。軟石と木のぬくもりが感じられる店内で、
地元食材を使った料理と北海道産ワインを気
軽に楽しめる。ワインショップも併設。

☎0134-24-2800
所小樽市色内1-8-6 営ショップ11:00～20:00、カ
フェ11:30～21:00(フードL.O.20:00、ドリンクL.O.20:
30) 休無休 交JR小樽駅から徒歩7分 Pあり

予約 不要
予算
L 1000円～
D 2000円～

地元ワインの
樽が印象的な
店内

おすすめメニュー
バインチーズフォンデュ 1810円(2人前)
ピザビアンカ 1170円
北海道産ホタテのジェノベーゼ 1500円

↑ワインの飲み比べ(北
の匠)1730円
↑地元小樽のワインは工
場直送で1杯410円から。
チーズの盛り合わせ1200
円とぜひ一緒に

↑ワインのほか、小樽の地ビールなども手に入る(左) レトロな建物が並ぶ日銀通沿いにある(右)

予約 望ましい
予算
L 1200円～
D 3000円～

食材の宝庫・北海道の魅力を
堪能できるレストラン

洋食屋マンジャーレ
TAKINAMI

ようしょくやマンジャーレ タキナミ

小樽運河周辺 **MAP** 付録P.13 D-1

パエリア、黒豚を使用した自家製
生ハム、地物の魚のソテーなどが人
気。店内の一部には旧倉庫の内装
をそのまま残し、レトロな雰囲気が
あふれる。

☎0134-33-3394
所小樽市色内2-1-16 営11:30～14:00
17:30～21:00(L.O.20:00) 休水・木曜
交JR小樽駅から徒歩10分 Pあり

おすすめメニュー
パエリア付きコース 5000円
十勝牛ステーキコース 5800円
※いずれも要予約

↑小樽の街並みとマッチした店内

↑しりべし
コトリアード
1800円

↑パエリアは
2人前で3900円

↑ほたてとたこのサラダ仕立て990円

↑やわらかな明かりが
広がる幻想的な雰囲気

小樽●買う

街を照らした工芸が起源の名物みやげ

伝統の技が光る小樽ガラス

「ガラスの街」としても有名な小樽。その始まりは明治期、
街を照らした石油ランプやニシン漁に使用したブイの製造にまで遡る。
街を散策しつつ、長く手元に置けるお気に入りを探してみたい。

彩葉オールドグラス
自然に芽吹く「葉」をイメージしたグラス。持ちやすさも人気の理由のひとつ
3700円

新風彩中鉢(赤)
1800円(奥)

新風彩楕円鉢(赤)
各1300円(手前)
手ごろな深さで使い勝手の
良い器。冬季限定商品

月見うさぎ大杯
サンドブラスト(左)。切子(右)月
をかたどった側面の丸窓をのぞく
と、反対側のウサギが見える
6000円〜

北海道の風景大林
北海道の四季をサンドブ
ラスト技法で表現
8500円
※写真はイメージ

グラスからランプまで
多彩な魅力を揃える

北一硝子三号館
きたいちがらすさんごうかん

堺町通り **MAP** 付録P.13 F-3

明治34年(1901)創業の小樽ガラ
スの老舗。テーブルウェアに加え、
アクセサリーも充実。倉庫を改装
したレトロな雰囲気のなかで、ガ
ラス製品の美しさを楽しめる。

☎0134-33-1993 所小樽市堺町7-26
営9:00〜18:00 休無休 交JR南小樽
駅から徒歩9分 Pあり

↑木骨石張り倉庫。北
一ホール(P.123)も併設

小樽万華鏡ぐい呑み
上からのぞくと万華鏡のよ
うに幻想的な世界が広がる
ぐい呑み
1万円

氷の華ワイングラス
北海道の氷をイメージした
グラス。飲み物も涼やかに
感じられる
各3000円

職人手作りの愛らしい作品
大正硝子館
たいしょうがらすかん

堺町通り **MAP** 付録P.13 E-2

和風のガラス器をメインにとんぼ玉やアクセサリーなど、小樽市内で制作された手作り商品を販売している。吹きガラスなど、ガラス制作の体験も受けられる。

☎0134-32-5101 🏠小樽市色内1-1 🕘9:00〜19:00(夏季延長あり) 🈡無休 🚃JR小樽駅から徒歩12分 🅿あり

➡明治39年(1906)に建てられた商店を改装した建物。本店ほか市内各所に12店舗あり

氷刻ジョッキ
底部分の凹凸とヒビ模様が特徴の涼しげな雰囲気のジョッキ 各3300円

おとぼけふくろう(大)
ひとつひとつ手作りのため、それぞれ表情が異なる
4180円(クリア)
4290円(蓄光)

雪あかりロックグラス
小樽で行われる冬のイベント「雪あかりの路」をイメージ。雪景色に映るろうそくの灯りを表現したグラス
3300円

シマエナガ サンキャッチャー
かわいいシマエナガが描かれたサンキャッチャー
2530円

小雪ストラップ
小さなガラス玉の中に雪が降っているように見えるストラップ
各1650円

ブロッサム ワイヤーネックレス
小さなお花のとんぼ玉を3つ使った軽やかなワイヤーネックレス 各3300円

小樽湾景 台付グラス
深く鮮やかなブルーで小樽湾を表現。波のような曲線が美しい
3300円

楊枝入れ
色ガラスのマーブル模様が美しい、かわいい楊枝入れ
935円

雪明り ジョッキ
白いガラスのジョッキにビールを注げば、小樽の雪明かりに
4070円

雪明り ワイングラス
雪が積もる小路にキャンドルの明かりを表した、高さ17㎝ほどのグラス
4070円

色ガラスの細工が美しい
ザ・グラス・スタジオ イン オタル

天狗山周辺 **MAP** 付録P.12 A-3

昭和54年(1979)にガラス作品の制作過程を一般に広く公開することを目的に設立。テーブルウェアなどの各種ガラス製品の販売のほか、工房での制作体験も行う。

☎0134-33-9390 🏠小樽市最上2-16-16 🕘10:00〜18:00(11〜3月は〜17:00) 🈡火曜 🚃JR小樽駅から北海道中央バス・天狗山ロープウェイ下車すぐ 🅿あり

➡天狗山の麓に店と工房がある。店内はギャラリーのよう

憂愁 ボウルS
底の模様がやさしい雰囲気を演出する、手のひらサイズのボウル
各3300円

BVS バブル華挿し
淡いパステルカラーの模様が爽やかなかにもぬくもりを与える
2970円

伝統の技が光る小樽ガラス

127

全国的に人気のルタオから、街の隠れた名店まで
多彩な魅力! おみやげ&スイーツ

全国的に人気の「ルタオ」をはじめ、小樽はスイーツが充実。おみやげにぴったりな逸品を集めました。

A 小樽洋菓子舗 ルタオ本店
おたるようがしほルタオほんてん

堺町通り **MAP** 付録P.13 F-4

1998年創業。「ドゥーブルフロマージュ」が大人気となり、一躍全国的人気店に。
☎0134-40-5480 **所**小樽市堺町7-16
営9:00〜18:00（季節により変動あり）
休無休 **交**JR南小樽駅から徒歩5分
Pあり

ほかのルタオのショップ

B ルタオ プラス
堺町通り **MAP** 付録P.13 F-3
☎0134-31-6800 **所**小樽市堺町5-22
営9:00〜18:00（季節により変動あり）
休無休 **交**JR南小樽駅から徒歩10分
Pあり

C ルタオ パトス
堺町通り **MAP** 付録P.13 F-3
☎0134-31-4500 **所**小樽市堺町5-22
営9:00〜18:00（季節により変動あり）
休無休 **交**JR南小樽駅から徒歩10分
Pあり

D ヌーベルバーグ ルタオ ショコラティエ 小樽本店
ヌーベルバーグ ルタオ ショコラティエおたるほんてん

堺町通り **MAP** 付録P.13 F-3
☎0134-31-4511 **所**小樽市堺町4-19
営9:00〜18:00（季節により変動あり）
休無休 **交**JR南小樽駅から徒歩10分
Pあり

E エキモ ルタオ
小樽駅周辺 **MAP** 付録P.12 C-2
☎0134-24-6670 **所**小樽市稲穂3-9-1サンビルスクエア1F **営**10:00〜19:00（季節により変動あり）**休**無休 **交**JR小樽駅から徒歩1分 **P**あり

A B C E
ドゥーブルフロマージュ（直径12cm）
ルタオを代表するチーズケーキ。レアとベイクドの2層のチーズがベストマッチ2160円

A B C D E
ロイヤルモンターニュ
商品名はフランス語で「王家の山」。口の中でさらりと溶ける奥深い味918円

A B C D E
レアチョコレート ナイアガラ
ナイアガラワインと道産ミルクをたっぷり使ったホワイトチョコレート972円

A B C E
小樽色内通りフロマージュ（10枚入り）
チーズチョコレートをコイン型のラングドシャでサンド1080円

A B C D E
テノワール（9枚入り）
ダージリンの香りのチョコレートをサクッと軽いクッキーでサンド1080円

A B C D E
プチショコラ ストロベリー

甘酸っぱいイチゴパウダーの中にフリーズドライ製法の国産イチゴが1粒入る972円

G
ばんじゅう（1個）
伝統のこし餡のほか、季節によりさくら餡やチーズクリームなども
110円〜

F
クリームぜんざい（M）
小樽市民に長年愛されてきたやさしい味わい
780円

F
マロンコロン（1枚）

3枚重ねたサブレとチョコレートがベストマッチ250円

H
プリン各種（1個）
素材にこだわった、なめらかで濃厚なプリン。「白いカスタード」など種類も豊富
380円〜

I
花園だんご（1本）
味は黒餡、胡麻、正油のほか、白餡、抹茶餡も
120円〜

J
手まり玉（1袋160g）
見た目も楽しい一品。店舗で購入すると「おまけ」も付く
330円
※価格は変更の可能性あり

J
雪たん飴（1袋160g）
できたての飴を購入できる
330円
※価格は変更の可能性あり

F
小樽あまとう
おたるあまとう

小樽駅周辺 **MAP** 付録P.13 D-3

昭和4年(1929)創業の洋菓子店。マロンコロンは長く愛される伝統の味。

☎0134-22-3942 　所小樽市稲穂2-16-18 　営10:00〜19:00(喫茶部12:00〜17:00) 　休木曜、不定休 　交JR小樽駅から徒歩5分 　Pあり

G
桑田屋本店
くわたやほんてん

北のウォール街 **MAP** 付録P.13 E-2

名物の「ばんじゅう」は小樽発祥のパン生地のまんじゅう。

☎0134-34-3840 　所小樽市色内1-1-2 　営10:00〜18:00(冬期〜17:00) 　休火曜 　交JR小樽駅から徒歩11分 　Pなし

H
プリン専門店アンデリス
プリンせんもんてんアンデリス

南小樽 **MAP** 付録P.12 B-3

地元で評判のプリン専門店。多彩なメニューが人気。

☎0134-34-1616 　所小樽市住ノ江1-5-1 　営10:00〜18:00(売り切れ次第終了) 　休水曜、ほか不定休 　交JR南小樽駅から徒歩5分 　Pなし

I
新倉屋花園本店
にいくらやはなぞのほんてん

小樽駅周辺 **MAP** 付録P.13 D-3

明治28年(1895)創業の老舗。名物の「花園だんご」は5種類用意。

☎0134-27-2122 　所小樽市花園1-3-1 　営9:30〜18:00 　休無休 　交JR小樽駅から徒歩10分 　Pあり

J
飴屋六兵衛本舗
あめやろくべえほんぽ

小樽運河周辺 **MAP** 付録P.13 D-1

飴一筋の老舗。人気の雪たん飴ほか、10種以上を揃える。

☎0134-22-8690 　所小樽市色内2-4-23 　営9:00〜17:00(土曜は〜16:00) 　休日曜、祝日 　交JR小樽駅から徒歩10分 　Pなし

多彩な魅力！おみやげ＆スイーツ

港町ならではの美景と出会う

海が見える絶景宿

絶景ポイント
岬の先端に建っているため3方向が海という開放感。幻想的な風景は時を忘れさせる。

ロマンティックな港町の風情と美しくダイナミックな大自然の海。
小樽には2つの顔を持つ海がある、極上の宿に滞在したい。

海の香りと波の音と
息をのむ美しい夕陽に陶然

ホテルノイシュロス小樽

ホテルノイシュロスおたる

祝津 **MAP** 付録P.12 B-1

国定公園内に建つ全室オーシャンビューのリゾートホテル。露天風呂付きの室内からは北海道の四季折々の大自然を肌で感じることができる。地元の魚介や旬の素材を豊富に使った創作フレンチとともに、贅沢な時間をじっくり楽しみたい。

☎0134-22-9111
🏠小樽市祝津3-282 🚃JR小樽駅から北海道中央バス・おたる水族館行き、おたる水族館下車、徒歩10分 🅿60台
🕒15:00 out11:00
🛏58室(全室喫煙)※喫煙所あり
💴1泊2食付き1万5400円～

1.全室が絶景の露天風呂付き。人気はオーシャンフロント側客室
2.5～8月には見事な夕陽が見られる
3.洋のなかに和のテイストを取り入れた創作ブレックファスト
4.和洋室やバリアフリータイプも完備
5.旬の味覚満載で、箸でも食べられる小樽フレンチ
6.深く青く美しい日本海が広がる

石狩湾のパノラマビューが美しいシーサイドリゾート

グランドパーク小樽
グランドパークおたる

築港 **MAP** 付録P.12 B-3

小樽港マリーナを見下ろすように建つ眺望抜群のホテル。札幌から電車や車で30分程度の交通至便な場所にあるのも魅力。ウイングベイ小樽(P.119)に直結しているので映画、アミューズメント施設、ショッピングが楽しめ、スキー場やゴルフ場へのアクセスもスムーズ。

☎0134-21-3111
所小樽市築港11-3
交JR小樽築港駅から徒歩5分
P132台(1泊1台1650円)
in14:00 out10:00
客296室(禁煙208室、喫煙88室)
予算1室朝食付き1万6470円～

1.マリーナの景色と大きな窓から差し込む光がリゾート気分を演出してくれる
2.異国情緒あふれるベイエリアに建つ
3.高層階のオーシャンビューデラックス
4.最上階のプレジデンシャルスイート
5.海が一望できるレストランではブッフェスタイルで朝食が楽しめる

絶景ポイント
開放的な海側の景色と、小樽の街や天狗山のマウンテンビューが楽しめる山側も魅力的。

120年以上の歴史ある建築と海抜60mの景色に浸る

料亭湯宿銀鱗荘
りょうていゆやどぎんりんそう

築港 **MAP** 付録P.12 B-3

明治時代に栄えたニシン漁の大網元の屋敷を改築した本館は、北海道文化財百選の建築物。豪壮かつ優美なたたずまいと、平磯岬からの海と山、両方の眺望を楽しめる。地元の新鮮な食材を使った和食のほか、フランス料理も味わうことができる。

☎0134-54-7010
所小樽市桜1-1 交JR小樽築港駅から車で4分(小樽築港駅から無料送迎あり、要予約)
P30台 in15:00 out11:00
客17室(全室喫煙)
予算1泊2食付3万5000円～(税別)

1.ニシンの千石漁場の歴史を伝える漁場建築の代表
2.昭和14年(1939)に料亭旅館として創業した
3.贅を尽くした会席。和会席がメインで、週末のみフレンチレストランでの夕食も可
4.小樽随一の景勝地、平磯岬ならではの眺望が広がる新館和室
5.地下1300mから湧出する自家源泉は泉質にも定評がある
6.ウミネコの声が旅情をかきたてる野趣あふれる露天風呂

絶景ポイント
朝な夕なに景色を変える美しい海と、暑寒別連峰の山々の眺めは、訪れる者を飽きさせない。

ウイスキーで名高い
風情ある海辺の街

余市
よいち

リンゴの栽培に成功したのは明治のこと。ニシン漁の興隆はやがて終焉をみたが、竹鶴のウイスキー造りの夢が実現した。

日本海の恵み豊かな漁場と
ウイスキーに最適な気候と土壌

明治から昭和初期まではニシン漁で潤い、今はウニやイカ、サケなどがそれに代わる。さらには果樹栽培も盛んで、リンゴやブドウの生産量は道内一。ニッカウヰスキーもリンゴジュースの販売からスタートした。「日本のスコットランド」とも称されるウイスキーの聖地。

ACCESS
鉄道 JR小樽駅からJR函館本線で25分
車 小樽から国道5号経由で20km

ウイスキー造りの情熱の軌跡
ニッカウヰスキー余市蒸溜所
ニッカウイスキーよいちじょうりゅうしょ

MAP 付録P.18 B-4

NHKの朝ドラ『マッサン』にも登場した創業者・竹鶴政孝が本物のウイスキーを造る夢を実現した場所。敷地内には石造りの工場や貯蔵庫が並び、10棟の建造物が国の登録有形文化財だ。

☎0135-23-3131 所余市町黒川町7-6 開9:15～15:30（最終入場）、レストラン10:00～15:20(LO)、ガイドツアー9:00～12:00、13:00～15:00（30分おき、事前予約制）休12月25日～1月7日 料無料（一部有料）交JR余市駅から徒歩3分 Pあり

↑キルン塔などの建造物が並ぶ

↑ウイスキー造りの命、ポットスチル

↑ニッカミュージアム＆テイスティングバー

宇宙飛行士を輩出した街
道の駅 スペース・アップルよいち
みちのえき スペース・アップルよいち
MAP 付録P.18 B-4

余市は日本人初のNASAの宇宙飛行士、毛利衛さんが少年時代を過ごした街。道の駅には毛利宇宙飛行士の業績を展示・紹介する宇宙記念館有料）がある。

☎0135-22-1515 所余市町黒川町6-4 營9:00～18:00(11月上旬～4月中旬は～17:00) 休無休、11月上旬～4月中旬は月曜 交JR余市駅から徒歩8分 Pあり

↑余市はフルーツの街。旬の味が楽しめる

↑建物は国指定の重要文化財で内部も公開されている

松前藩の蝦夷支配を物語る
旧下ヨイチ運上家
きゅうしもヨイチうんじょうや
MAP 付録P.18 B-3

運上家とは江戸時代、松前藩から請け負った商人がアイヌと交易した施設のことで、唯一現存する運上家の建築。間口約40m、奥行約16m。

☎0135-23-5915 所余市町入舟町10 營9:00～16:30 休月曜(祝日の場合は開館)、祝日の翌日、12月中旬～4月上旬 料300円 交JR余市駅から北海道中央バス・余市役場前下車、徒歩10分 Pあり

ニシン漁の隆盛を偲ぶ
よいち水産博物館
よいちすいさんはくぶつかん
MAP 付録P.18 B-3

余市町を見下ろすモイレ山の山頂にある。ニシン漁に関する資料だけでなく、町内の遺跡で見つかった考古資料やアイヌ民族関連資料なども展示している。

☎0135-22-6187 所余市町入舟町21 營9:00～16:30 休月曜、祝日の翌日、12月中旬～4月上旬 料300円 交JR余市駅から北海道中央バス・余市役場前下車、徒歩10分 Pあり

道の駅の注目スポット
余市宇宙記念館「スペース童夢」
よいちうちゅうきねんかん「スペースどうむ」
MAP 付録P.18 B-4

毛利衛さんの業績を紹介。搭乗したスペースシャトルの部品なども展示。宇宙への旅立ちを3D映像で体験できる。

☎0135-21-2200 營9:00～17:00(最終入館16:00)※変更の場合あり 休月曜(祝日の場合は翌日)、12月～4月中旬(冬期休館) 料500円

↑入口ではスペースシャトルの模型が出迎える

↑臨場感たっぷりの3Dシアターで宇宙を体験

↑弁財船の模型、漁に使われたさまざまな道具が並ぶ

積丹 浜中海水浴場
モイレ岬
229 旧下ヨイチ運上家
よいち水産博物館 ● 余市マリーナ
余市町役場 ▲モイレ山
229 卍阿弥陀院
東中
大川橋
余市川温泉 サンアート 5 大川小
余市線 卍密厳寺
本願寺卍 函館本線
卍信行寺 小樽駅
余市宇宙記念館「スペース童夢」 道の駅 スペース・アップルよいち
余市運動公園 卍誠諦寺
ニッカウヰスキー余市蒸溜所 余市駅
よいち観光温泉 ●ニッカ会館 卍念法寺 S イオン
羊蹄国道
5
ニセコ駅 753 八幡神社

0 400m N

133

岬から望む鮮やかな シャコタンブルー

積丹半島
しゃこたんはんとう

かつてはニシン漁で栄え、今は道内きっての絶景スポットとして話題の自然豊かな半島。

奇岩や大岩が点在する 北海道唯一の海中国定公園

北海道の西部に位置し、日本海に面した積丹半島。積丹町の海岸線約42kmのなかには、夏の海の美しい青として表現される「シャコタンブルー」の景観で人気の神威岬や、波打ち際まで下りて美しい海を眼前で楽しめる島武意海岸など、北海道の自然を満喫できる観光スポットが点在。積丹半島で獲れる絶品のウニも堪能したい。

ACCESS

車 小樽から国道5号、国道229号経由で42km

積丹半島のシンボル

神威岬
かむいみさき

MAP 付録P.18A-1

積丹半島先端の岬。駐車場からチャレンカの小道を約20分歩いて最先端へ出ると、周囲300度の丸みを帯びた水平線を眺めることができる。

☎0135-44-3715(積丹観光協会) 🅟積丹町神威岬 🕐季節により変動するため積丹観光協会HPで確認。最終入園は閉園1時間前 🚉JR余市駅から車で1時間15分 🅿あり

紺碧の海と出会う渚

島武意海岸
しまむいかいがん

MAP 付録P.18A-1

人が一人通るのがやっとの小さなトンネルを抜けると、海岸の景色が開ける。青い海は海中の岩が透けて見えるほど透明で美しい。

⤴初夏にはエゾカンゾウの花が断崖の斜面を彩る

☎0135-44-3715(積丹観光協会) 🅟積丹町入舸町 🚉JR余市駅から車で1時間 🅿あり

⤴切り立った断崖の道をたどってシャコタンブルーの海へ
⤵日本海に沈む夕日が映える岬。沖合に突き出る岩は神威岩

積丹の大自然を間近に

水中展望船 ニューしゃこたん号
すいちゅうてんぼうせんニューしゃこたんごう

MAP 付録P.18B-1

グラスボートになっている観光船。奇岩や巨岩の景観、北海道で唯一の海中国定公園に指定された海、海中の様子を船の底から展望できる。

☎0135-44-2455 🅟積丹町美国町船澗(美国漁港内) 🕐9:00〜16:30(季節により変動あり) 🏖荒天時、10月下旬〜4月下旬 🅸乗船1900円 🚉JR余市駅から車で35分 🅿あり

⤴海上から眺める荒々しい海岸線の絶景は迫力満点。所要時間は40分ほど

富良野・美瑛

果てしなく続く大地に花々がゆれる

北海道らしい雄大なパノラマが広がり
季節の花が一面を染める。
忘れられない風景との出会い、
豊かな大地の恵みが支える
グルメを楽しみたい。

エリアと観光のポイント
富良野・美瑛はこんな街です

自然あふれる広大な大地に点在する、富良野・美瑛の見どころ巡りは、
レンタカーを利用するのがおすすめ。あせらずのんびりと楽しみたい。

印象的な景観スポットが多数
美瑛
びえい

なだらかな丘陵地帯に畑や牧草地
などのフォトジェニックな田園風景
が広がる。ところどころに、CMな
どで有名な印象深い木々が立つ。

**観光の
ポイント** パッチワークの路 P.146
パノラマロード P.148

のどかな丘が続く美瑛で、北
海道らしい雄大な風景を満喫

見渡す限りの花畑に感動
富良野
ふらの

ドラマの名
シーンが蘇る
風のガーデン

富良野市・中富良野町・上富良野町には、
花々が咲き誇る広大な花畑が点在し、移
動の要となる富良野国道は「花人街道」と
も呼ばれる。

**観光の
ポイント** 風のガーデン P.21
ファーム富田 P.142

富良野・美瑛の花カレンダー

月								
4月	チューリップ		ジャーマンアイリス				ブルーサルビア	
5月		ルピナス			マリーゴールド			ポピー
6月			ハマナス					
7月	ラベンダー							
8月			ひまわり	コスモス			サルビア	
9月					クレオメ			
10月								

※開花時期はおおよその目安です。

136

旭川駅 千代ヶ岡駅 旭川空港、旭川

旭川市

パッチワークの路 ★

美瑛駅

北美瑛駅

580

花人街道

富良野線

★ パノラマロード

美瑛町

瑠辺蘂山

美瑛

白金温泉周辺

美馬牛駅

★ 四季彩の丘

824 966

白金青い池 ★

芦別市

那英山

237

白金温泉 ★

札滝川駅 駅

上富良野駅

上富良野町

花人街道 ★

根室本線

西中駅

ファーム富田 ★ ラベンダー畑駅（臨時）

中富良野駅

旭岳 ▲ 富良野岳 ▲

札幌三笠ICIC

鹿討駅 705

290

島ノ下駅

学田駅

705

中富良野町

前富良野岳 ▲

富良野駅

南富良野町

風のガーデン ★

富良野市

ニングルテラス ★

根室本線

263

富良野

985

布部駅

544

富良野駅〜新得駅間、2024年4月1日廃止予定

帯広駅

白樺林に囲まれた温泉地

白金温泉周辺 ➡ P.140
しろがねおんせん

美瑛町の東側、十勝岳山麓の温泉地周辺には、美しい白樺林のほか、幻想的な「青い池」、珍しい潜流瀑「白ひげの滝」などの見どころがある。

観光のポイント　白金青い池 P.140

〔 交通information 〕

富良野・美瑛の移動手段

JR富良野線と国道237号が各エリアを南北に縦断し、6月〜10月下旬は臨時でラベンダー畑駅も開設。ただしエリア内の見どころは広域に点在し、公共交通機関は本数の少ない路線バスのみなので、レンタカーを使うのが便利だろう。

周辺エリアとのアクセス

鉄道・バス

JR新千歳空港駅

🕙快速エアポートで37分

JR札幌駅

🕙特急カムイ/特急ライラック（滝川駅乗り換え）で2時間15分

🕙特急カムイ/特急ライラックで1時間25分

JR富良野駅

🕙🕙富良野線で40分

JR美瑛駅

🕙🕙富良野線で35分

JR旭川駅

車

新千歳空港IC

🚗道央道、札樽道経由47 km

札幌北IC

🚗道央道（三笠ICより）、国道38号経由140km

富良野

🚗🚗国道237号経由33km

美瑛

🚗国道237号経由 11km

🚗🚗国道237号経由25km

旭川空港

🚗道道294号経由17km

旭川

問い合わせ先

観光案内
ふらの観光協会　☎0167-23-3388
美瑛町観光協会　☎0166-92-4378
道の駅びえい「白金ビルケ」
　　　　　　　　☎0166-94-3355
旭川観光コンベンション協会
　　　　　　　　☎0166-23-0090

交通
JR北海道電話案内センター
　　　　　　　　☎011-222-7111
道北バス　　　　☎0166-23-4161
ふらのバス　　　☎0167-23-3131
ジェイアール北海道ソリューションズ
（駅レンタカー）
富良野営業所（期間営業）☎0167-22-0073
旭川営業所　　　☎0166-23-2498

↑のどかな丘陵を眺めながらドライブを楽しみたい

富良野・美瑛 おとなの1日プラン

富良野・美瑛の旅は、花畑の絶景が楽しめる夏が ベストシーズン。短い夏を祝福するように咲き誇 る、カラフルな花々を追って、広大な大地をのん びりとドライブで巡ってみたい。

富良野・美瑛 ●モデルプラン

9:00 美瑛駅	
↓	約25分 道道966号経由で 17km
9:30 白金 青い池	
↓	約25分 道道966号・824号 経由で16km
11:30 四季彩の丘	
↓	約6分 道道824号経由で3.8km
14:00 赤い屋根の家	
↓	約25分 国道237号経由で 20km
14:30 ファーム富田	
↓	約15分 国道237号経由で 10km
16:30 富良野駅	

のどかな丘陵を走り、絶景を巡る旅

幻想的な白金 青い池と花畑をたどって、富良野・美瑛の自然の美しさに感動。

森の中に静かにたたずむ
白金 青い池 で青の世界に浸る

白金 青い池 ➡P.140
しろがね あおいいけ

青い水と立ち枯れたカラマツからなる幻想的な絶 景スポット。眺める角度や時間帯、季節によって 水の色が変わる。冬に訪れるなら、ライトアップ が実施されるか確認しておきたい。

↑混雑を避けるため、朝の早い時間に訪れたい

幻想的な絶景を 満喫したい

↑立ち枯れた木々が印象的

パノラマロード を走り
多彩な丘の表情と出会う
四季彩の丘 →P.148
しきさいのおか
14haの広さを誇る丘を、さまざまな花が
彩る展望花畑。

→季節ごとの草花が
咲き乱れる花の楽園

赤い屋根の家 →P.149
あかいやねのいえ
丘陵の畑に囲まれてかわいらしい家が
1軒建つ、のどかな風景が印象的。

→民家なので畑に入ったりしないよう注意

↑国道237号沿いには多くの花
畑が点在し「花人街道」と呼ば
れる。花畑巡りも人気だ

↑洗練された料理が楽しめる
Restaurnt ASPERGES(P.154)

ファーム富田 に広がる
色彩豊かな畑を散策
ファーム富田 →P.142
ファームとみた
北海道を代表する観光スポットで、一面
に広がるラベンダーなどの花畑を眺める。
おみやげにはラベンダーグッズも購入し
たい。

→ラベンダーを
使ったおみやげや
スイーツも充実し
ている

↑一面に色とりどりの花々が咲き誇る

↑7月限定でオープンするラベンダーイーストは、日本最大級のラベンダー畑。時季が合うなら必見

富良野・美瑛 ● 歩く・観る

偶然が生んだ幻想的な水辺を眺める

北海道を代表する絶景!
白金青い池
しろがね あおいいけ

青い水面に立ち枯れた樹木。
人工的に造られた堰堤が、思いがけず
人々を魅了する神秘的な風景をつくり上げた。

青い水

水自体に色がついている
わけではなく、水に含ま
れる成分が光の散乱を助
長し青く見えるといわれ
ている。

← 見る角度や時間帯、季
節などによりさまざまな
景色が楽しめる

偶然がもたらした幻想的な景色
時間や角度により表情を変える

昭和63年(1988)に十勝岳の噴火が起こ
り、火山災害対策として造られた堰堤
に水が溜まってできた、いわば人工池。
青い水と立ち枯れたカラマツの木が織
りなす神秘的な景色が、2010年頃から
クチコミで広がり、多くの観光客が訪
れる人気のスポットとなった。

白金温泉周辺 **MAP** 付録P.14 C-1

☎ 0166-94-3355(道の駅 びえい「白金ビルケ」)
所 美瑛町白金 営 見学自由、冬季はライトアップ
期間中のみ夜間見学可(日没〜21:00)
料 無料 交 JR美瑛駅から道北バス・白金温泉行き
で20分、白金青い池入口下車、徒歩7分 P あり
(有料)

周辺にも
多彩な
魅力あり

白ひげの滝
しらひげのたき

地下から湧き出た水が
勢いよく白金小函の青
みがかった渓流に流れ
落ちる景色はまさに神
秘的。

白金温泉周辺
MAP 付録P.14 C-1

所 美瑛町白金 交 JR美瑛
駅から道北バス・白金温泉
行きで26分、白金温泉下車、
徒歩5分 P あり

↻ 晴れた日にぜひ訪れたい

白金 青い池

白樺街道
しらかばかいどう

美瑛の街から白金温泉へ至る道道966号沿い、約4km続く白樺林。白い木肌と緑のコントラストが美しい景観をつくる。
白金温泉周辺 **MAP** 付録P.14 C-1
所美瑛町白金 交JR美瑛駅から道北バス・白金温泉行きで19分、道の駅 びえい「白金ビルケ」前下車、徒歩5分

➡天気が良いと、美瑛富士と白樺林の美しい景色が見える

森の旅亭 びえい
もりのりょてい びえい

自然に囲まれた癒やしを感じられる17室限定の宿。木のぬくもりにあふれた数寄屋風の客室でゆったりとくつろげる。
白金温泉周辺 **MAP** 付録P.14 C-1
☎0166-68-1500 所美瑛町白金10522-1 休無休 料1泊2万3800〜3万7400円／日帰り入浴1000円、小学生500円、3歳〜未就学児300円 交JR美瑛駅から道北バス・白金温泉行きで26分、保養センター前下車、徒歩2分 Pあり

湯元 白金温泉ホテル
ゆもと しろがねおんせんホテル

白ひげの滝のすぐそばにあるホテル。白金温泉は神経痛に効能があるといわれており、昔から「杖忘れの湯」とも呼ばれてきた。
白金温泉周辺 **MAP** 付録P.14 C-1
☎0166-94-3333 所美瑛町白金11326-1 休無休 料1泊1万6650円〜／日帰り入浴1000円、子供450円、幼児300円 交JR美瑛駅から道北バス・白金温泉行きで26分、白金温泉下車、徒歩1分 Pあり
※館内一部改装工事中

141

花々が大地を染める北の楽園

ファーム富田
ファームとみた

道央の中心地・旭川から車で1時間ほど。丘陵の一面が
かわいらしい花で覆われたおとぎ話のような世界が楽しめる。

↑春から秋にかけて、園内には
色とりどりの花々が咲き誇る

多くのファンを魅了する
ラベンダー観光発祥の地

昭和33年(1958)から栽培を開始した
ファーム富田のラベンダー畑。昭和
51年(1976)に国鉄(当時)のカレンダ
ーに富良野のラベンダー畑が使用さ
れたことで、一躍観光地として脚光
を浴びた。現在もその可憐な花と豊
かな香りを求め、全国から多くの人
が足を運ぶ、北海道有数のスポット
となっている。

中富良野 **MAP** 付録P.15 D-3

☎0167-39-3939 　所中富良野
町基線北15 　開季節により変動
あり(HPで要確認) 　休無休 　料
無料 　交JR中富良野駅から車で
5分 　ラベンダー畑駅から徒歩7
分(夏季のみ) 　Pあり 　URL
www.farm-tomita.co.jp

観光のポイント

ラベンダーの開花時季などは事前
にHPで確認

多彩な花が植えられた「彩りの畑」
も必見スポット

おみやげにファーム富田のオリジ
ナルグッズを購入したい

↑色鮮やかな花の帯がゆるやかな丘の斜面を飾る

園内に咲く5種類のラベンダー

ファーム富田で栽培されるラベンダーは5種で、6月下旬〜8月中旬にかけて開花。観賞用で人気が高いのは、色が濃く6月下旬からと開花時期が早い「濃紫早咲（のうしはやざき）」だ。

濃紫早咲
6月下旬〜7月中旬

つぼみの頃から青紫色が濃い、観賞に適した品種。ドライフラワーにも

ようてい
7月上旬〜下旬

主に精油づくりのために栽培されている。赤みを帯びるのが特徴

おかむらさき
7月上旬〜下旬

富良野で最も多く植えられているラベンダー。香りが強いのが特徴

はなもいわ
7月下旬〜8月上旬

ほかの品種に比べ白みを帯びる。他品種とのコントラストを楽しみたい

ラバンジン
7月下旬〜8月中旬

カンファー成分が多くスキッとした香りでリフレッシュ効果が期待できる

ファーム富田の園内を散策！

↳ ファーム富田の原点となったトラディショナルラベンダー畑は、全国に富良野のラベンダーが知られるきっかけとなった

彩りを楽しみながら
美しい花畑を歩く

開花は種類によって時期が異なるため、
何度通っても異なる表情を楽しめる。

富良野・美瑛 ● 歩く・観る

ファーム富田発祥の地
| トラディショナル
| ラベンダー畑
トラディショナルラベンダーばたけ

日本で最も歴史があるラベンダー畑が
ここ。畑のある丘陵を登ると富良野盆
地の田園風景と十勝岳連峰が望める。

見頃 7月上旬〜中旬　花の種類 濃紫早咲、
おかむらさき、はなもいわ

森の緑とのコントラスト
| 森の彩りの畑
もりのいろどりのはたけ

ラベンダー、ポピーなど鮮やかな
花々と奥にある針葉樹林の濃い緑と
が絶妙なコントラストになっている。

見頃 7月上旬〜中旬
花の種類 濃紫早咲、
おかむらさき、はなも
いわ、ようてい、カス
ミソウ、ポピー

ファーム富田を代表する畑
| 彩りの畑
いろどりのはたけ

7色の花がゆるやかな丘を彩る園を代表
する畑で、見事な色彩が楽しめる。

見頃 7月中旬〜下旬　花の種類 アゲラタ
ム、カスミソウ、カリフォルニアポピー、コ
マチソウ、大麦、ポピー、おかむらさき

144

グラデーションが見事
倖の畑
さきわいのはたけ
4種のラベンダーが植えられている畑。微妙に色合いが異なるグラデーションが楽しめる。

見頃 7月上旬〜中旬
花の種類 濃紫早咲、おかむらさき、はなもいわ、ようてい

色とりどりの花が咲く畑
花人の畑
はなびとのはたけ
5月のムスカリをはじめ次々と見頃を迎える花が咲き、春〜秋まで、長期間多様な花が楽しめる。

見頃 7月上旬〜9月下旬
花の種類 アゲラタム、シバザクラ、マリーゴールド、サルビア、ラバンジンほか多数

7月限定オープン
日本最大級のラベンダー畑
ラベンダーイースト
ファーム富田から東に4kmほどにある日本最大級のラベンダー畑。香料作物として栽培しているが期間限定で開放している。

MAP 付録P.15 D-3
☎0167-39-3939(ファーム富田) 所上富良野町東6線北16 営9:30〜16:30(7月、HP要確認) 休8〜6月 料無料 交JR中富良野駅から車で10分 Pあり

大地の恵みを満喫
グルメ&スイーツ
広大な敷地で名物グルメを楽しみたい

↻↺ 男爵いものじゃがバター280円。たっぷりバターの塩味がホクホクの男爵いもの甘みを引き出す

↻↺ ラベンダーエキス入りのラベンダーソフトクリーム。コーン350円、カップ300円

↻ ラベンダーエキスを使用したラベンダーカルピス260円

↻ 北海道産季節の野菜とサクサクコロッケカレー810円

おみやげにぴったり
ラベンダーグッズ
おみやげにピッタリのグッズを販売

↻ ハーブコロンプチコロン1650円は香水の人気No.1

↻ ラベンダーオイル12㎖1620円は100%ピュアな精油

↻ ラベンダーろうそく572円

↻ ラベンダー透明石鹸(箱なし)775円(1個)

↻ ラベンダーの刺繍を施したハンカチタオル698円(1枚)

シンボルツリーが待つ丘を巡る
パッチワークの路 パッチワークのみち

周辺の畑に異なる作物が植えられているため、
区画ごとに色が変化し独特な景観が楽しめる
美瑛の丘を、ドライブで駆け抜けよう。

◆季節により異なる
表情を見せて
くれる

1 ケンとメリーの木
ケンとメリーのき

美瑛 MAP 付録P.17 E-2

スカイラインのCMに登場

昭和47年（1972）に放映された日産スカイラインのCMが名前の由来、その後観光名所に。

所美瑛町大久保協生 交JR美瑛駅から約2.5km Pあり

⬆畑の中でひときわ目立つ大きなポプラの木

2 かしわ園公園
かしわえんこうえん

美瑛 MAP 付録P.17 E-1

十勝岳連峰を一望する

カシワが茂る公園。駐車場からは美瑛の美しい丘陵の絶景や、晴天なら遠くに十勝岳連峰が望める。

所美瑛町北瑛第1 交JR美瑛駅から約4.5km Pあり

⬆その名のとおり園内には
カシワが多数

3 セブンスターの木
セブンスターのき

美瑛 MAP 付録P.17 D-1

雄々しい姿のカシワの木

昭和51年（1976）にたばこ「セブンスター」のパッケージとして使用され有名になった。

所美瑛町北瑛 交JR美瑛駅から約6.3km Pあり

◆駐車場があるので
じっくりと撮影できる

4 親子の木
おやこのき

美瑛 MAP 付録P.17 E-2

3本の立ち姿がほほえましい

寄り添うように立つ3本のカシワがまるで親子のように見えることから命名された。

所美瑛町美田夕張 交JR美瑛駅から約4.7km Pなし

◆木が立っているそばの道は
農道のため一般車は通行禁止

所要◆約2時間30分

おすすめドライブルート

どのスポットもパッチワークの路からそれほど遠くないため、気になるところから見に行こう。レンタサイクルでも楽しめる。

美瑛駅
びえいえき

⬇ 国道237号経由
約2.5km・7分

1	ケンとメリーの木
	ケンとメリーのき

⬇ 一般道
約2.2km・7分

2	かしわ園公園
	かしわえんこうえん

⬇ 一般道
約3.2km・9分

3	セブンスターの木
	セブンスターのき

⬇ 一般道
約1.5km・4分

4	親子の木
	おやこのき

⬇ 一般道
約3.0km・5分

5	北西の丘展望公園
	ほくせいのおかてんぼうこうえん

⬇ 一般道、国道237号経由
約2.3km・7分

美瑛駅
びえいえき

千代ヶ岡駅
辺別川

P.163 bi.blé 🏨

セブンスターの木 3
親子の木 4

2 かしわ園公園
1 ケンとメリーの木

オイチャヌンベ川

北西の丘展望公園 5

北美瑛駅
★ぜるぶの丘・亜斗夢の丘
P.150

美瑛川

237
452

美瑛駅
START&GOAL

N
0   2km
580

笑顔咲く宿 めぐみ雪 🏨

5 北西の丘展望公園
ほくせいのおかてんぼうこうえん
美瑛 **MAP** 付録P.17 E-2

大雪山連峰を望む展望台

ピラミッド型の展望台から丘陵の様子を一望。夏にはラベンダーやヒマワリが咲き誇り、公園内には観光案内所も設置されている。

所 美瑛町大久保協生 交 JR美瑛駅から約2.3km P あり

◐ 山並みの眺望が開ける

◐ 雄大な景色を楽しむことができる

富良野・美瑛ドライブ ②

パッチワークの大地を駆け抜ける
パノラマロード

美瑛と美馬牛の中間にあたる一帯は、
視界が開けた絶好のドライブルート。
訪れる時間帯によって、異なる表情も楽しみたい。

① ### 三愛の丘展望公園
さんあいのおかてんぼうこうえん

美瑛 MAP 付録P.17 F-3

赤い三角屋根が目印

南西になだらかな美瑛の丘陵地帯、
北東には旭岳や十勝岳連峰と美瑛周
辺の美しい自然が望める公園。
☎0166-92-4378(美瑛町観光協会) 所美瑛
町三愛みどり 開休料入園自由(冬季閉鎖)
交JR美瑛駅から約5km Pあり

↑公園内はゆっくりと散策できる

② ### 千代田の丘
ちよだのおか

美瑛 MAP 付録P.17 F-4

展望台のとんがり屋根が特徴的

ファームズ千代田(P.153)の敷地内にあ
り、丘上の展望台はそれ自体が景色の
ひとつのシンボルとなっている。
☎0166-92-7015(ファームズ千代田) 所美瑛
町水沢春日台第一 開休料入場自由 交JR美
瑛駅から約7.1km Pあり

↑高台の展望台からは絶景が楽しめる

↑歴史を感じさせる外観

③ ### 拓真館
たくしんかん

美瑛 MAP 付録P.17 F-4

美瑛の景色を切り取った写真

廃校となった小学校の校舎を改装した、
風景写真家・前田真三氏の作品を展示す
るギャラリー。
☎0166-92-3355 所美瑛町拓進 開10:00〜
17:00、11〜3月10:00〜16:00(最終入館は各15
分前まで) 休無休 料無料 交JR美瑛駅から
約10km Pあり

④ ### 四季彩の丘
しきさいのおか

美瑛 MAP 付録P.17 E-4

丘の上の花畑

14haの敷地にさまざまな花が咲
く丘の上の花畑。5月から10月初
旬まで季節ごとの可憐な花が咲
き、花の香りに包まれる。
☎0166-95-2758 所美瑛町新星第3
開6〜9月8:40〜17:30、5・10月8:40
〜17:00、11〜12月9:10〜16:30、1月
8:40〜16:30、2〜4月9:10〜17:00
休無休 料入場料7〜9月500円 交JR
美馬牛駅から徒歩25分 P300台(有
料)、大型バス20台

↑巨大な牧草人形
「ロール君」が
お出迎え
↑まるで花の絨毯
のような風景が楽
しめる

↑色とりどりの花がスト
ライプ状に大地を彩る

富良野・美瑛 ● 歩く・観る

148

5 赤い屋根の家
あかいやねのいえ

所 美瑛町福富
交 JR美瑛駅から約 4.5km **P** あり

美瑛 **MAP** 付録P.17 E-3

まるで絵本の1ページのよう

畑の中にぽつんとかわいらしい家が建つ、まるで絵本の中に出てくるような景色が人気。

⤴ のどかな風景を楽しみながら、のんびりドライブ

⤴ 家は現在も使用されているので離れて見学しよう

所要◆約3時間30分

おすすめドライブルート

なだらかな丘の稜線上を走るので見晴らしの良い景色を楽しめる。前田真三氏の作品にならって、カメラに収めてみよう。

美瑛駅
びえいえき

⬇ 道道213号経由
約5km・11分

1 三愛の丘展望公園
さんあいのおかてんぼうこうえん

⬇ 一般道
約1.7km・2分

2 千代田の丘
ちよだのおか

⬇ 一般道
約2.9km・5分

3 拓真館
たくしんかん

⬇ 一般道
約2.3km・4分

4 四季彩の丘
しきさいのおか

⬇ 道道824号
約3.8km・6分

5 赤い屋根の家
あかいやねのいえ

⬇ 道道213号経由
約4.5km・8分

美瑛駅
びえいえき

富良野・美瑛ドライブ

149

彩り豊かな花畑をたどる
花人街道
はなびとかいどう

美瑛町から占冠村までを貫く国道237号は
花人街道の愛称を持つ。道沿いの花畑は、
5〜10月頃まで多種多様な花が咲き誇る。

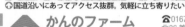

↑国道沿いにあってアクセス抜群。気軽に立ち寄りたい

富良野・美瑛●歩く・観る

1 ぜるぶの丘・亜斗夢の丘
ぜるぶのおか・あとむのおか

パッチワークの路周辺 MAP 付録P.17E-2

かぜ、かおる、あそぶがテーマ

爽やかな風薫る丘にラベンダーやヒマワリが広が
る。園内ではソフトクリームやコロッケ、じゃが
バターなどの軽食が楽しめる。

☎0166-92-3160 所美瑛町大三 開9:00〜17:00 休不
定休、11月〜4月下旬 料無料 交JR美瑛駅から約2km
P120台

総面積 8ha
見頃 6月上旬
〜9月下旬

↑バギーやカートで園内をまわることもできる

2 かんのファーム

美馬牛駅周辺 MAP 付録P.17E-4

アクセス良好の定番の観光地

上富良野と美瑛の境界にある観光農園。
売店はラベンダーグッズのほか、収穫し
たジャガイモやトウモロコシといった味
覚も楽しめる。

☎0167-45-9528 所上富良野町西12線
北36美馬牛峠 開9:00〜17:00 休10
月下旬〜6月上旬 料無料 交JR美馬牛
駅から約1.8km P50台

↑10月上旬までさまざまな花が楽しめる

3 四季彩の丘 ➡P.148
しきさいのおか

パノラマロード周辺
MAP 付録P.17E-4

14haの広大な丘

雄大な大雪山連峰と丘の景色をバック
に、春から秋まで約30種類の花を楽し
める。農産物直売所やみやげ販売所、
レストランも備える。

総面積 14ha
見頃 5月中旬
〜10月初旬

↑園内をトラクターバスでまわる
「四季彩ノロッコ号」

4 フラワーランド
かみふらの

上富良野 MAP 付録P.14C-3

花人街道エリアで最大の花畑

上富良野を一望できる迫力ある花畑
が人気。広い園内を巡る遊覧トラク
ターやラベンダーを使った体験メ
ニューまで幅広く楽しめる。

☎0167-45-9480 所上富良野町西5線北27
開9:00〜17:00(6〜8月は〜18:00、3月は〜
16:00) 休12〜2月 料無料 交JR上富良
野駅から約3.5km Pあり

総面積 15ha
見頃 6〜9月

↑とにかく広い。
約20種類もの季
節の花が大地を
彩る
↑広大な花畑を
トラクターバス
で効率的に見学

総面積 5ha
見頃 7月上旬
〜10月上旬

総面積 3.7ha
見頃 7月上旬
〜10月上旬

6 北星山ラベンダー園
ほくせいやまラベンダーえん

中富良野 **MAP** 付録P.15 D-3

リフトに乗って空中散歩を満喫

北星山の中腹にあるラベンダー畑。頂上までの観光リフトを使えば、「空中散歩気分」で楽々上り下り。冬はスキー場として利用される。

☺3種のラベンダーだけでなく、多彩な花も楽しめる
☎0167-44-2133(中富良野企画課) 🏠中富良野町宮町1-41 🕐6月中旬〜8月下旬9:00〜16:40 🚫期間中無休 💴無料 🚃JR中富良野駅から約0.7km 🅿100台

5 日の出公園
ひのでこうえん

上富良野 **MAP** 付録P.14 C-2

展望台前で「愛の鐘」を鳴らそう

なだらかな坂道を上ると、360度の大パノラマ。ラベンダー畑、十勝岳連峰、田園風景…。園内の「愛の鐘」はカップルに人気。
☎0167-39-4200 🏠上富良野町東1線北27 🕐🚫💴入園自由 🚃JR上富良野駅から約1.2km 🅿約650台

☺写真を撮るなら愛の鐘の前がおすすめ

総面積 4ha
見頃 7月中旬
〜下旬

フラワーランド かみふらの P.142

ファーム富田 P.142

ラベンダーイースト P.145

富良野駅〜新得間、2024年4月1日廃止予定

富良野・美瑛を代表する花畑が集まる花人街道。見どころの多い花畑が続くため、ゆっくり見学したい花畑は事前に決めておこう。

美瑛駅
びえいえき

⬇ 国道237号経由 約2km・5分

1 ぜるぶの丘・亜斗夢の丘
ぜるぶのおか・あとむのおか

⬇ 国道237号経由 約8.5km・10分

2 かんのファーム

⬇ 国道237号経由 約5.8km・8分

3 四季彩の丘
しきさいのおか

⬇ 国道237号経由 約9.3km・13分

4 フラワーランドかみふらの

⬇ 一般道 約3.8km・7分

5 日の出公園
ひのでこうえん

⬇ 一般道 約7.7km・12分

6 北星山ラベンダー園
ほくせいやまラベンダーえん

⬇ 一般道 約8.5km・12分

富良野駅
ふらのえき

☺街道沿いにはファーム富田(P.142)もある

富良野・美瑛ドライブ

151

富良野・美瑛の見どころ お楽しみがいろいろ

ここにも出かけたい

大雪山の山々を背景になだらかな丘陵が折り重なるように続く。丘の上には数本の木がぽつり。初夏になると丘の斜面は色鮮やかな花々に埋め尽くされ、冬の銀世界に雪がきらきらと輝く。

ニングルテラス

富良野郊外 **MAP** 付録P.16A-4
テーマは森の知恵者ニングル

倉本聰の著書『ニングル』の名をとったショッピングエリア。新富良野プリンスホテルに隣接する森の中にショップが点在。
☎0167-22-1111(新富良野プリンスホテル) 所富良野市中御料 営12:00～20:45 休店舗により異なる、11月にメンテナンス休あり
交JR富良野駅から車で10分 Pあり

↑夜は温かい明かりが森に浮かぶ

↑森の自然のなかに溶け込むようにログハウスが建つさまは富良野ならでは

五郎の石の家・最初の家

ごろうのいしのいえ・さいしょのいえ
麓郷 **MAP** 付録P.15F-2
帰郷した一家の「最初の家」

ドラマ『北の国から』「'89帰郷」の中で、黒板五郎が建てた石の家。石の家の近くには、黒板一家が最初に住んだ「最初の家」もあり、家の中を見学できる。
☎0167-23-3388(ふらの観光協会) 所富良野市東麓郷 営9:30～18:00(10月～11月下旬は～16:00、入場は各30分前まで) 休11月下旬～4月中旬 料500円 交JR富良野駅から車で30分 P100台

↑畑から出た大量の石を使った「五郎の石の家」

↑第1回の放送の舞台である「最初の家」

富良野チーズ工房

ふらのチーズこうぼう
富良野郊外 **MAP** 付録P.16B-4
チーズのすべてがわかる

オリジナル・チーズはもちろんバターや牛乳の直販だけでなく、製造の様子をガラス越しに見学できる。ほかにアイスミルク工房、ピッツァ工房、手作り体験工房もある。
☎0167-23-1156 所富良野市中五区 営9:00～17:00(11～3月は～16:00) 休無休 交JR富良野駅から車で9分 Pあり

↑乳搾り体験や歴史コーナーも

↑手作り体験工房ではチーズやバター作りなどの体験もできる

珈琲 森の時計

こーひー もりのとけい
富良野郊外 **MAP** 付録P.16A-4
ドラマの雰囲気そのままに営業

ドラマ『優しい時間』で主人公が開いた喫茶店。カウンター席で、ミルを使って豆を挽ける。
☎0167-22-1111(新富良野プリンスホテル) 所富良野市中御料 営12:00～20:00(LO19:00) 休11月にメンテナンス休業あり 交JR富良野駅から車で10分/新富良野プリンスホテルから徒歩5分 P390台(新富良野プリンスホテル駐車場)

↑大きな窓から見える木々に癒やされる店内

↑人気メニューの森のカレーは1450円

レジャーガイド遊び屋

レジャーガイドあそびや
富良野郊外 **MAP** 付録P.16A-2
大自然を感じて遊ぶ

夏は熱気球やラフティング、冬はスノーモービルなど多彩なアクティビティを用意。
☎0167-22-0534 所富良野市学田三区4746 営受付9:00～18:00 休4月1～19日、11月4～30日 料熱気球フリーフライト(冬季)20分1万8000円、子供(5～12歳)1万2000円、30分2万2000円、子供(5～12歳)1万6000円、ラフティング7100円、子供(5～12歳)5500円 交JR富良野駅から車で10分 Pあり

↑熱気球から地平線を望む

↑空知川を下るラフティング

富良野・美瑛 歩く・観る

ファームズ千代田

ファームズちよだ
パノラマロード周辺
MAP 付録P.17 F-4

美瑛の丘の牧場で一日遊ぶ

和牛の繁殖から肥育まで行う牧場やジャージー牛の搾乳牧場などを所有。ほかに観光用のふれあい牧場、レストランなどを展開している。

☎0166-92-7015
⓪美瑛町水沢春日台第一
⏰9:00～17:00(冬季は～15:00)
休無休 料無料
交JR美瑛駅から車で15分
Pあり

↪美瑛のゆるやかに起伏する丘陵を360度見渡す展望台(P.148)

↪ふれあい牧場ではポニー、羊、ヤギなどへのエサやりができる

美瑛神社

びえいじんじゃ
美瑛駅周辺 **MAP** 付録P.17 F-2

恋愛成就を祈願

社殿など境内の随所にハート形の装飾が見られることから、縁結びの神社として人気になった美瑛のパワースポットのひとつ。美瑛の風景と鳥居をデザインした丘守りも好評。

☎0166-92-1891 ⓪美瑛町東町4-1-1 ⏰参拝自由 交JR美瑛駅から車で5分 Pあり

↑鳥居をくぐると立派な社が鎮座

↑屋根の下に施された装飾

吹上露天の湯

ふきあげろてんのゆ
上富良野 **MAP** 付録P.15 D-1

森の中の露天風呂

かつては温泉宿が建っていたが、廃業後に湯船だけが残り、無料の混浴露天風呂となった。ドラマ『北の国から』で有名になり、今では休日ともなると大勢の観光客が訪れる。

☎0167-45-6983(上富良野町企画商工観光課)⓪上富良野町吹上温泉 ⏰入浴自由 交JR上富良野駅から車で20分 Pあり

↑脱衣所はないので水着着用で

カンパーナ六花亭

カンパーナろっかてい
富良野郊外 **MAP** 付録P.16 B-1

息をのむ景観とスイーツ

六花亭の富良野店。ブドウ畑の広がる丘陵地にあり、十勝岳の山々が眼前に迫る。ショップに加えて、富良野オリジナルのスイーツもあるので堪能したい。

☎0120-12-6666 ⓪富良野市清水山 ⏰10:30～16:00(季節により異なる) 休不定休 交JR富良野駅から車で10分 Pあり

↑大きな窓からは十勝岳が一望

↑ふらの餅1個120円。両面を香ばしく焼いて提供してくれる

菓子工房フラノデリス

かしこうぼうフラノデリス
富良野郊外 **MAP** 付録P.16 A-3

素材本来の味をお菓子に

パティシエは「優れた乳製品のある土地でお菓子作りがしたい」と東京から富良野に移住してきた。おいしい空気のなかで作る素材の味が生きたスイーツの数々が味わえる。

☎0167-22-8005
⓪富良野市下御料2156-1
⏰10:00～17:00 休火・水曜
交JR富良野駅から車で10分 Pあり

↑森に囲まれた自然のなかのテラス席で味わいたい

↪3つの異なる味が楽しめるふらの牛乳プリン

食材に寄り添うシェフの技を味わう

大地の恵みを食す

食材が豊富な富良野・美瑛では、あくまで素材の持ち味を
大切にするシェフたちの料理を、心ゆくまで堪能したい。

富良野・美瑛 ● 食べる

フランス料理

素材の持ち味を
生かした料理が人気

Restaurant ASPERGES

レストラン アスペルジュ

美瑛駅周辺 MAP 付録P.17 E-2

JAびえい「美瑛選果」(P.160)内にあるレストラン。札幌の有名フレンチ「モリエール」の姉妹店としてオープン。美瑛の丘で採れた野菜を中心に、素材本来の味を大切にしたメニューが揃う。

☎0166-92-5522
所美瑛町大町2-6美瑛選果内 営11:00〜14:30
(LO) 17:00〜19:00(LO) 休水曜 交JR美瑛駅から徒歩10分 Pあり

☺ランチとディナーどちらもコース料理のみ提供。ランチは3500円、4600円、5700円、ディナーは4600円、5700円、7700円の各3コースを用意

予約	望ましい
予算	
L	3500円〜
D	4600円〜

↑光が差し込む開放的な店内でランチが楽しめる

フランス料理

富良野産はじめ道産食材を ふんだんに使用

Bistro Le Chemin

ビストロ ル シュマン

富良野駅周辺 **MAP** 付録P.16A-3

北海道食材にこだわった料理が 気軽に味わえるビストロ。単品 メニューのほか、コース料理も 各種取り揃えている。自家製の デザートも楽しめる。

☎0167-23-2004

所富良野市下御料 ⏰11:30〜14:00 17:30〜22:00(LO19:30)※ディナーは席 の空き状況を事前に確認を 休火・水曜 交JR富良野駅から車で10分 Pあり

「網走産豚ロースのソテー ビールとマスタードソース」 2400円は食べごたえ十分

↑本日の前菜盛り合わせ2800 円には自慢の自家製生ハムも

予約	望ましい
予算	
L 2000円〜	
D 4000円〜	

おすすめメニュー
道産牛ほほ肉の
赤ワイン煮込み 3300円
日高産豚もも肉の
自家製生ハム 1500円
ビストロコース 4000円

↑コース料理は原則として要予約

↑自然光が心地よい、ゆった りとした店内

予約	望ましい
予算	
D 5500円〜	

フランス料理

バータイムもある フレンチレストラン

Furano French 岳

フラノ フレンチ たけ

富良野駅周辺 **MAP** 付録P.16 C-3

富良野産の食材にこだわったフレンチレ ストラン。ディナーは地元の食材を使っ たコース、バータイムは「みんなで楽しめ る料理」が店のコンセプト。

☎0167-22-0385

所富良野市幸町10-1 ⏰18:00〜21:00(LO20:00) 休月曜 交JR富良野駅から徒歩7分 Pあり

おすすめメニュー
上富良野地養豚コース 5500円
富良野蝦夷鹿コース 8800円

↑富良野蝦夷鹿コースは8800円

↑地元産の豚肉、エゾシ カ肉、牛肉を使ったコー スが人気

↑カボチャを はじめ、野菜 も地元の食材 をできるだけ 使用している

↑落ち着いた 雰囲気の店内

↑富良野駅から のアクセスも良 く便利な立地

大
地
の
恵
み
を
食
す

155

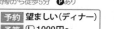

イタリア料理

富良野産小麦を使った
自家製生パスタを堪能

Rincontro
リンコントロ

富良野駅周辺 **MAP** 付録P.16 C-2

大阪の調理師専門学校の教員だった
マスターが地元に戻って開業したイタ
リアン。ランチは自慢の手打ちパス
タをはじめとした約20種のセット、
夜はアラカルトで提供される。

☎0167-56-7690
所富良野市朝日町6-5 営11:00～14:00
(LO13:30) 18:00～21:00(LO20:00) 休月曜
(祝日の場合は営業)、ほか不定休 交JR富良
野駅から徒歩5分 Pあり

予約	望ましい(ディナー)
予算	L 1000円～ D 2000円～

⬆素材を生かした
料理を楽しみたい

⬆2022年6月に
移転。ウインド
ウのイタリアの
国旗が目印

⬆パスタは富
良野産小麦を
使った自家
製、野菜は自
家農園のもの
を使用

⬆手打ちパスタは昼も夜どちら
も同じメニューで提供

おすすめメニュー

手打ちパスタ各種 860円～
メイン各種 1500円～
ドルチェ各種 450円～

フランス料理

ランチのコースで
ゆったりとした時間を

予約	不可
予算	L 1300円～

おきらく亭
おきらくてい

美瑛駅周辺 **MAP** 付録P.17 E-2

食事は通常、ランチのみ(夜は土・日
曜のみ同メニュー、要予約で提供)。
明るく開放的な店内で、オードブル
とスープ、ライス、そしてメインのミ
ニ・コースが楽しめる。

☎0166-92-3741
所美瑛町栄町1-6-1 営11:00～17:00(食事
11:30～14:00) 土・日曜11:00～19:30(食事
11:30～14:00 17:30～18:30、売り切れ次第
閉店) 休水曜、第2・4木曜 交JR美瑛駅か
ら徒歩3分 Pあり

⬆日本風にアレンジしたポトフはオーナーが
フランスに滞在していた際の思い出の料理

⬅コースにはサラダ仕立ての
オードブルが付く

⬆美瑛町の市街地に店を構える

⬆木のぬくもりを生かした
落ち着いた店内

おすすめメニュー

ポトフセット 1300円
ジャガイモと仔羊のグラタン 1650円
牛肉の煮込みハンバーグ 1800円

名物メニューの食べ比べも楽しい
必食!! 肉料理

北の大地・北海道で丹念に育まれた道産肉は、
自然の恩恵を存分に受けた奥深い滋味が格別だ。

くまげら

富良野駅周辺 **MAP** 付録P.16 C-2

名作ドラマにも登場した店で
豊富な北海道食材と出会う

倉本聰脚本の名作ドラマ『北の国から』のロケが始まった昭和55年(1980)にオープンし、撮影にも使われた店。道産食材にこだわった創作料理の数々を楽しむことができる。

☎0167-39-2345
🏠富良野市日の出町3-22 🕐11:30～22:00(LO21:00) 🈷水曜 🚃JR富良野駅から徒歩5分 🅿あり

⬆日本酒も店のオリジナルほか、多数取り揃える

富良野和牛ビーフ丼 2200円
ほぼレアで提供される。上質な脂の甘みとやわらか食感を楽しめる人気メニュー

富良野山賊鍋 2000円
エゾシカ肉、鴨肉、鶏肉の3種の肉と地元産の野菜をたっぷり加えた味噌仕立ての鍋。2人前は3800円

歩人
ほびっと

白金温泉周辺 **MAP** 付録P.14 C-1

自家製ハム・ソーセージと
スローフードへのこだわり

ハム、ソーセージなどを季節ごとに作り分け、常時20種類以上を提供。食材は生産者が見える安全なものを使用している。

☎0166-92-2953
🏠美瑛町美沢美生 🕐10:00～18:00(LO16:00 ※変動あり、HPを要確認) 🈷火・水曜、4・11月に運休あり 🚃JR美瑛駅から道北バス・白金温泉行きで20分、美沢25線下車、徒歩2分 🅿あり

ハム・ソーセージ・ベーコン10種盛り合わせ 1400円
5種から20種まで盛り合わせのメニューは多彩

⬆盛り合わせにプラス530円でパン、飲み物、ヨーグルトが付く

⬆小鳥のさえずりを聞きながらゆったりと食事を楽しもう

157

自然素材にこだわる美食空間
大地の味を届ける
フードパーク

のどかな丘陵地帯が広がる
美瑛の丘に位置する複合施設、
フェルム ラ・テール美瑛。
地元の自然食材にこだわる
多彩な味を楽しみたい。

富良野・美瑛 ●食べる

丘の街・美瑛の食を届ける
新たなグルメスポット
フェルム ラ・テール美瑛
フェルム ラ・テールびえい
美瑛 MAP 付録P.17 E-2

美しい美瑛の丘に位置し、地元の小麦や
食材を使用した、パン、スイーツを販売す
るショップとレストランからなる複合施
設。できる限り添加物は使わず、地産地消
にこだわる体にやさしい食品が豊富に揃
っている。

☎0166-74-4417
⚑美瑛町大村村山 🕙10:
00～17:00 10～4月10:00
～16:00 、レストラン11:
00～14:30(LO) 17:30～
19:00(LO)※ディナーは完
全予約制 🈺月曜、ほか不定
休あり(10～4月は月・火曜)
※HPにて要確認 🚉JR美
瑛駅から車で10分 🅿あり

レストラン 農家から直送される食材が
楽しめるレストラン。季節に合わせたメニ
ューを提供する。

◗「美瑛町
鈴木さんの
ゆめぴりか
のリゾット」
2860円。
食事はテラ
ス席でも楽
しめる

ベーカリー 「美瑛
の風」
「美瑛の丘」「美瑛の
空」と名付けられた3種
の美瑛産小麦を使用し
たパンを販売。小麦以
外の食材も美瑛や道内
産にこだわっている。

◗美瑛産ジャー
ジー牛乳など道産
食材にこだわって
作ったプレミアム
食パン「北海道産
ジャージー牛乳食
パン」864円※価格
変更の可能性あり

スイーツ 美瑛をはじめ近隣
の素材を使用した
スイーツを販売。とろっとした食感
のプリンや無添加のクリームチー
ズなど多彩な商品が集まっている。

◗4つの素材だけで作られる人気の
スイーツ「大地のプリン 美瑛ウ・オ
レ」389円(1本)

158

森カフェで癒やしのひととき

豊かな自然に囲まれる憩いのひととき。まるで隠れ家のようなカフェで贅沢にくつろぎたい。

1. 木々に囲まれた建物。木の香りと手作りのぬくもりがあふれる店内で、スイスの田舎料理を味わえる最高のロケーション 2. ケーキ盛り合わせと飲み物のセット1100円〜 3. ラクレットも付いたポークセット1700円

1. 古民家をリノベーションした店舗。内装も古民家の元のイメージをできるだけ残している 2. 日替わりスイーツ700円(セットの場合はドリンク代プラス400円) 3. 自家製野菜を中心に使った人気のゴリョウサンドは1300円

北の大地の森の中でスイス料理を

カフェ・ド・ラペ

白金温泉周辺 **MAP** 付録P.14 B-2

☎0166-92-3489
所美瑛町美沢希望19線
営10:00〜18:00 ※18:00〜は予約のみ営業 休木曜(祝日の場合は営業) ※冬季に長期休業あり 交JR美瑛駅から車で20分 Pあり

店主自らが建てた山小屋でスイス家庭料理が楽しめる。溶かしたチーズをエビやソーセージ、ジャガイモなどにつけて食べるラクレットは、素朴な味わいで人気のメニューだ。

世界各地で出会った味を再現

cafeゴリョウ

カフェゴリョウ

富良野郊外 **MAP** 付録P.15 F-4

☎0167-23-5139
所富良野市上御料
営11:30〜18:00(LO17:30) 休火・水曜 交JR富良野駅からふらのバス・御料9線行きで16分、終点下車、徒歩10分 Pあり

築80年の古民家を改装。自家菜園で収穫した野菜やハーブ、果実などを可能な限り使用し、夫婦で世界を旅して出会った味わいを富良野の地で提供する。自家焙煎のコーヒー豆などの販売も。

金時豆（左） 1240円
黒大豆（中） 1200円
小豆（右） 1100円
美瑛の大地で育ったひと味違う豆が揃う。各1kg入り
選果市場

ハスカップジャム（左）
780円
さくらんぼジャム（右）
780円
各130g。幻の果実といわれるハスカップのジャムと、美瑛産サクランボの果肉がゴロゴロ入ったジャム
選果市場

おかきに。
各490円
北海道産のもち米を使用。焼きとうもろこしとじゃがバターの2種
選果市場

おみやげにしたい食品が勢揃い
マルシェでお買い物

北海道の特産品をふんだんに使ったおみやげの数々。
きっとお気に入りとなる逸品が見つかるはず。

フリーズドライ（左から）
ダイスミルク 432円
焼きとうもろこし 378円
あずき 432円
食材をフリーズドライしスナック感覚で味わえるスグレもの
選果市場

びえい豚カレーとろとろ煮込み
750円
美瑛豚を使った旨みたっぷりの中辛カレー 選果市場

びえい豚ウインナー粗挽きジューシー＆スパイシー
600円
新鮮な豚肉を桜チップでスモーク。お酒のつまみにぴったり 選果市場

お菓子は「大地の恵み」なり
美瑛選果
びえいせんか
美瑛駅周辺 **MAP** 付録P.17 E-2
丘の街・美瑛のおいしさがずらっと揃ったアンテナショップ。新鮮野菜が並ぶ選果市場、季節のスイーツなどがテイクアウトできる選果工房のほか、レストランやパン工房が併設されている。
☎0120-109-347（選果市場）所美瑛町大町2 営休季節、店舗により異なる 交JR美瑛駅から徒歩10分 Pあり

→白を基調とした外観と店内。旭川空港からは車で15分ほど

テイクアウトグルメも充実

しゅまり小豆のソフトクリーム
490円
豆の食感が感じられるやさしい味わいのソフトクリーム 選果市場

いちごジュース
540円
イチゴの甘酸っぱい味わいをそのままジュースに
選果工房

```
R Restaurant ASPERGES
P.154

選果工房        小麦工房
(イートイン＆テイクアウト)  (ベーカリー)

    選果市場
  (農産物直売所)
```

デラックスじゃがバター
500円
じゃがバターにベーコン、野菜などがトッピングされたもの
選果市場

びえいのロールパン（上） 250円（2個）
びえいのあんぱん（左） 250円
びえいの黒豆パン（右） 250円
美瑛産の小麦を使った工房直売のパンをぜひ
小麦工房

ここだけの味がたくさん

フラノマルシェ

富良野駅周辺 **MAP** 付録P.16 C-3

富良野ならではのユニークなテイクアウトショップや富良野ブランドの商品を揃えるフラノマルシェ1、花屋や雑貨店、飲食点が並ぶフラノマルシェ2。インフォメーションコーナーでは観光情報も充実。

☎0167-22-1001 ㊟富良野市幸町13-1 ⏰10:00〜18:00(6月15日〜9月1日は〜19:00) ㊡11月11日〜15日 ㊂JR富良野駅から徒歩7分 🅿あり

⇦向かい合って建つフラノマルシェ1とフラノマルシェ2。営業時間・休業日も同じ

富良野にんじん100
180円
富良野産ニンジンを100%使用し、フルーティーで飲みやすい味わい【フラノマルシェ1】オガール

sazare キャンドル
1870円
3つの水晶のきらめきとラベンダーがほのかに香るキャンドル【フラノマルシェ2】生活雑貨の店e-na

クラフトジン 9148HOPS(200㎖)
2970円
上富良野産のホップを使用したクラフトジン。おすすめはソーダ割やトニック割【フラノマルシェ1】アルジャン

ふらのッち
各160円
のり塩、うすしお、ガーリック、コンソメと種類も豊富なチップス【フラノマルシェ1】オガール

ワインチョコサンドクッキー
756円(16枚入)
ふらのワインを加えたクッキーに白ブドウ風味のチョコレートを挟んだチョコサンドクッキー【フラノマルシェ1】アルジャン

ふらのあんバターどらやき
280円
ふらの産あずきとバターが口いっぱい広がるどら焼【フラノマルシェ1】アルジャン

スープカレー(上)
410円
ポークカレー(下)
350円
国産の玉ネギ1個と骨付きチキンが入ったスープカレー、道産のジャガイモがまるごと1個入ったポークカレー【フラノマルシェ1】アルジャン

テイクアウトグルメも充実

ふらの肉まんま
450円〜
ハンバーグ状の肉でご飯を包んだ進化型のおむすび。カレーやチーズのトッピングも【フラノマルシェ2】にぎりまんま

なまら棒
380円〜
富良野産小麦の薄い皮に具がたっぷり。カリッと揚げたサクサク食感【フラノマルシェ2】ゆきと花

オニオンブレッド 480円
生のシャキシャキ玉ネギがたっぷり。マヨネーズとチーズにブラックペッパーがアクセント【フラノマルシェ1】カゼール

まぜアイス
550円〜
ソフトクリーム、ジェラート、ナッツなどを混ぜ合わせた人気商品【フラノマルシェ1】ぱすすとっぷ

厚切りベーコンまるごとハンバーガー
830円
上富良野産の豚バラで作った自家製スモークベーコンを使用【フラノマルシェ1】ぷちぷちバーガー

マルシェでお買い物

161

HOTELS

泊まる

富良野・美瑛の宿はロケーションで選びたい

絶景の宿で憩う

広大な自然に抱かれた
富良野や美瑛は、美しい景色と
新鮮な食材の宝庫。
ゆったりと流れる時間を
大切に感じさせてくれる。

絶景ポイント
なだらかな丘に広がる
緑や十勝岳連峰の雄壮
な姿を、館内の随所か
ら眺められる。

富良野・美瑛 ● 泊まる

丘陵地に広がる花々の香りと
こだわりのフレンチを味わう

フラノ寶亭留

フラノほてる

富良野郊外 **MAP** 付録P.16A-2

3万5000坪の広大な敷地にラベンダー
畑や原生林に包まれて建つ、客室わ
ずか25室のホテル。全室マウントビ
ューで、季節を肌に感じる贅沢な時
間が過ごせる。近隣の野菜やハーブ
を使った料理は、五感で楽しめると
評判だ。

☎0167-23-8111
⑰富良野市学田三区 ⊗JR富良野駅から車
で10分（降雪期は富良野駅から無料送迎あり、
要予約）Ｐ50台 ⓘ15:00 ⓞ11:00 ⓐ
29室（全室禁煙）ⓨ1泊2食付1万8500円〜
※季節により異なる

1.5000株のラベンダー畑は圧巻
2.冬は一面に白銀の世界が広がり幻想的
3.デンマーク家具を揃えたギャラリー
4.ウッドデッキで癒やしの森を満喫したい
5.広さ40㎡のナチュラリーツイン
6.保温効果の高い温泉も好評
7.大テーブルと、ふらの牛乳の瓶で作った
シャンデリアがユニークなロビー

162

広大な麦畑と大空のもとで
自然の恵みを存分にいただく

bi.blé
ビブレ

パッチワークの路周辺
MAP 付録P.17 E-1

美瑛の丘の上に建つ旧北暁小学校の
敷地に建てられたレストランと宿泊
棟。美瑛ならではの食材を大胆に盛り
付けた料理と自家製パンを、大自然に
抱かれながら食す、贅沢なひとときが
過ごせる。窓の向こうに広がる美瑛ら
しい麦畑や草原が実に美しい。

☎0166-92-8100
㊟美瑛町北瑛第2北瑛小麦の丘内
㊟JR美瑛駅から車で7分 ㊟月・火曜、ほ
か不定休。11月〜4月上旬は月〜金曜
㊟40台 ㊺15:00 ㊺11:00
㊟5室(全室禁煙) ㊟1泊2食付2万7200円
〜 ※サービス料10%

1.満席でも空間にゆとりを感じさせてくれ
るテーブル配置。窓の景色までごちそうだ
2.飾らないのにおしゃれな木造のレストラン。
敷地内にはほかにパン工房もある
3.全5室のシンプルで広々とした客室。景色
が主役になる大きな窓がうれしい

絶景ポイント
周囲は麦畑と草原、花
畑などがパッチワーク
のように織り重なる景
色が広がっている。

ホテルグルメ PICK UP

鮮やかに盛られた
旬の大地の恵み
畑で採れたばかりの新鮮な野
菜と、エゾシカなどのジビエ
も味わえる。薪で焼き上げた
パンの味も絶品。

絶景の宿で憩う

絶景ポイント
開拓時代の農家の人た
ちが暮らした素朴な原
風景の中に、絵本のよ
うな建物が映える。

丘にたたずむ小さな村で
贅沢なスローフードを堪能

スプウン谷のザワザワ村
スプウンだにのザワザワむら

パッチワークの路周辺
MAP 付録P.17 E-2

かわいらしい5棟のゲストハウスと、
レセプションを兼ねたオーナー宅が
建つ小さな村。360度広がる原風景
と、素朴な手仕事にふれられる非日常
感が人気。手作りの贅を尽くした夕食
(別途1名4800円)や、地平線を眺めな
がら味わうモーニングは格別。

☎0166-92-7037
㊟美瑛町大村大久保協生
㊟JR美瑛駅から車で5分
㊟冬季(1月〜4月上旬)不定休
㊟10台 ㊺15:00 ㊺10:00
㊟5棟(全室禁煙)
㊟1泊朝食付2万1000円〜

1.客室はすべて独立した2階建てのコテージ
スタイル。絵本の世界のような景色が広がる
2.サンルームを備えた客室でのんびり
3.35haの自家農園で収穫した作物を提供

ホテルグルメ PICK UP

風土が感じられる
田舎のスペシャリテ
地元産・道産食材を手間ひま
を惜しまずに調理したビスト
ロ料理のコース。宿泊コテー
ジでゆったりと味わえる。

163

山々の麓に広がる
旭山動物園と工芸の街
旭川
あさひかわ

街をまわれば、技が生きる
家具や染物、造り酒屋など、
魅力あふれる店が見つかる。
個人美術館や記念館にも
足を運びたい。

大雪山系の山々を望む街角に
伝統と現代の技が息づく

街の規模は札幌に次ぐ。交通の要衝
で、富良野・美瑛観光の拠点として
便利な立地。各界で活躍する出身者
も多く、記念館もある。街の基礎が
できてから120年ほどで、当時からの
技を伝える老舗もある。今、特に勢
いのある家具づくりにも注目したい。

ACCESS
鉄道 JR札幌駅から特急カムイ/
特急ライラックで1時間25分
車 札幌から道央自動車道など経由で145km

富良野・美瑛 ● 周辺の街とスポット

旭川の景色を一望できる
嵐山公園展望台
あらしやまこうえんてんぼうだい
MAP 付録P.19 D-1

標高約250mにある展望台。眺望が京
都の嵐山に似ていることからその名
がついたとされる。展望台のある嵐山
公園内にはハイキングコースが整備さ
れているほか、植物園もある。
☎0166-55-9779(嵐山公園センター) 所旭
川市江丹別町嵐山及び鷹栖町 時見学
自由 交JR旭川駅から車で25分 Pあり

↑2階建ての展望台。夜景の名所でもある

旭川の家具が一堂に
旭川家具＆クラフトショップ
旭川デザインセンター
あさひかわかぐ＆クラフトショップ あさひかわデザインセンター
MAP 付録P.19 E-1

旭川とその周辺の家具メーカー30社
以上の製品約1500点が1カ所で見られ
る。それぞれに個性的な作品をその
場で買ったり注文することもできる。
☎0166-48-4135 所旭川市永山2-10 時9:
00〜17:00 休火曜 料無料 交JR旭川駅
から車で20分 Pあり

↑2023年に3つのエリアが新設

アイヌ文化にふれる
旭川市博物館
あさひかわしはくぶつかん
MAP 付録P.19 D-4

「アイヌの歴史と文化に出
会う」をテーマに、旭川市
をはじめとした北北海道
の歴史や文化、自然に関
わる資料を多数展示。住
居のチセも忠実に再現。
☎0166-69-2004 所旭川市
神楽3-7大雪クリスタルホール
内 時9:00〜17:00(入館は〜
16:30) 休第2・4月曜(6〜9月
は無休) 料350円 交JR旭
川駅から徒歩10分 Pあり

↑アイヌの生活の様子を復元展示で紹介

絶版本も電子書籍で購読
三浦綾子記念文学館
みうらあやこきねんぶんがくかん

MAP 付録P.19 D-4

全国の三浦綾子ファンの募金で、生涯の大半を過ごした地、旭川に1998年に建てられた。氏の作品や作家活動の紹介のほか企画展も開催。見本林を眺めながら、映像資料の視聴や作品を読めるスペースもある。

☎0166-69-2626 所旭川市神楽7-8-2-15 開9:00～17:00 休月曜(7～8月は無休) 料700円 ※変更の可能性あり 交JR旭川駅から車で5分 Pあり

↑代表作の小説『氷点』の舞台になった見本林の中に立つ。静かな森は散策にもおすすめ

↑分館には三浦夫妻の書斎が再現されている

↑取材ノートや愛用品など貴重な資料を展示

↑氷点ラウンジではオリジナルスイーツを提供

グルメスポット

あさひかわラーメン村
あさひかわラーメンむら

醤油味を主流とするご当地ラーメン、旭川ラーメン。その味とラーメンの文化を広めようと1996年に誕生。8店が腕を磨きながら味を競う。全店ミニやハーフサイズのラーメンがあるので食べ比べがおすすめ。

MAP 付録P.19 E-2

☎0166-48-2153 所旭川市永山11-4パワーズ内 開11:00～20:00 休店舗により異なる 交JR南永山駅から徒歩10分 Pあり

↑旭川をイメージしたラーメン村の壁画

旭川

165

旅を盛り上げる仕掛けが満載

OMO7旭川 by 星野リゾート
オモセブンあさひかわ バイほしのリゾート
MAP 付録P.19 E-3

"テンションがあがる「街ナカ」ホテル"がコンセプト。おちゃめな仕掛けが満載の新しい宿泊体験が楽しめる。

☎050-3134-8095(OMO予約センター) 所旭川市6条通9丁目 交JR旭川駅から徒歩13分 Pあり in15:00 out11:00 室237室 予算1泊1室あたり2万円〜(税込・食事別)

↑レンガ調のタイルがあしらわれた建物

↑旭川の文化や歴史にふれられるライブラリーコーナー「ブックトンネル」

↓目的と人数に合わせた多彩な客室。写真はスーペリアルーム

市内中心部にあるシティホテル

アートホテル旭川
アートホテルあさひかわ
MAP 付録P.19 E-3

街の中心に位置し、富良野・美瑛、旭山動物園など周辺観光の拠点としても好立地。15階には大雪山連峰を見渡すパノラマが広がるレストランも。

☎0166-25-8811 所旭川市7条通6丁目 交JR旭川駅から徒歩15分 Pあり in15:00 out11:00 室265室 予算1泊2食付き1万2000円〜

↑ゆったりできるコンフォートトリプルルーム

街の歴史とともにある伝統職人の技にふれる

街が生まれて約120年。明治後期から育てられてきた職人の技が今も脈々と受け継がれている。

高砂酒造 直売店
たかさごしゅぞう ちょくばいてん
MAP 付録P.19 F-4

明治32年(1899)創業の旭川の老舗酒蔵。代表銘柄「国士無双」をはじめ、ここでしか買えない生酒・蔵元限定酒も販売。

☎0166-22-7480 所旭川市宮下通17右1 営9:00〜17:30※工場見学は要予約 休無休 交JR旭川駅から徒歩20分 Pあり

↑明治の面影が残る直営売店

→お酒以外にも酒粕商品や甘酒なども数多く揃う

男山酒造り資料館
おとこやまさけづくりしりょうかん
MAP 付録P.19 E-1

350年余の歴史があり江戸幕府の御膳酒にも指定。歌舞伎の演目や浮世絵にも登場。資料館は酒造りの歴史と文化を伝える。

☎0166-47-7080 所旭川市永山2-7-1-33 営9:00〜17:00 休無休 料無料 交JR旭川駅から車で15分 Pあり

↑各地にある男山だが正統は旭川

→2階には江戸時代の資料が並ぶ

日本醤油工業直売店
にほんしょうゆこうぎょうちょくばいてん
MAP 付録P.19 D-3

「キッコーニホン」の名で知られる昭和19年(1944)創業の老舗。醤油やドレッシングなど約100種の試食と買い物ができる。

☎0800-800-7772 所旭川市曙1-1 営10:00〜17:30 休無休 交JR旭川駅から徒歩10分 Pあり

↑歴史を物語る風格ある建物

→醤油アイスキャンディーも大人気

近藤染工場
こんどうそめこうじょう
MAP 付録P.19 D-3

大漁旗、暖簾、はんてんなどを職人による刷毛引き本染めで作る店。手ぬぐいやコースターなどは手みやげにもおすすめ。

☎0166-22-2255 所旭川市1条通3右1 営8:30〜17:30 休日曜、祝日、土曜不定休 交JR旭川駅から徒歩10分 Pあり

↑明治31年(1898)創業の老舗

→表裏同色に染め上げる本染めの技が冴える

アクセスと市内交通

❖

日本国内で群を抜く広大さを誇る
北海道では、効率が大切になる。
都市部と郊外などエリアによっても
交通事情が大きく異なるので、
入念に移動の下調べをしておきたい。

広いエリアを
無理なくまわり、
効率的に観光

北海道へのアクセス

北海道へのアクセスは空路で新千歳空港へ向かうのが一般的。長い距離でも短時間で到着できるが、冬季は大雪などの天候による遅延、運が悪ければ欠航も発生することを念頭に計画したい。

岡山　岡山桃太郎空港
1日1便　所要1時間50分

ANA　5万6100円～6万5100円

広島　広島空港
1日2便　所要1時間50分

ANA　5万8600円～6万7300円
JAL　5万8520円～6万3800円

福岡　福岡空港
1日9便　所要2時間40分

ANA　6万5900円～7万7400円
JAL　6万5890円～7万1500円
ADO　5万3500円～5万5400円
SKY　3万1200円～4万2800円
APJ　6390円～4万2970円

神戸　神戸空港
1日6便　所要1時間50分

ANA　5万3400円～6万3100円
ADO　4万5670円～5万5600円
SKY　2万6400円～3万4300円

大阪　関西国際空港
1日12便　所要1時間55分

ANA　5万3400円～6万3100円
JAL　5万3350円～5万7750円
APJ　5690円～4万2470円
JJP　5610円～4万490円

大阪　大阪空港（伊丹）
1日10便　所要1時間45分

ANA　5万3400円～6万3100円
JAL　5万3350円～5万7750円

名古屋　中部国際空港
1日12便　所要1時間40分

ANA　4万8300円～5万7300円
JAL　4万8290円～5万2250円
SKY　2万6400円～3万4300円
ADO　4万1160円～4万5540円
APJ　5090円～4万1170円

沖縄　那覇空港
1日1便　所要3時間55分

APJ　8990円～5万9070円

新潟　新潟空港
1日4便　所要1時間25分

ANA　3万7800円～4万3900円
JAL　3万7730円～4万1360円

富山　富山きときと空港
1日1便　所要1時間30分

ANA　4万3800円～4万9800円

小松　小松空港
1日1便　所要1時間30分

ANA　4万3800円～4万9800円

松本　信州まつもと空港
1日1便　所要1時間30分

JAL　4万5430円～4万9610円
FDA　3万8000円～4万1000円

静岡　富士山静岡空港
1日1便　所要1時間45分

JAL　4万7520円～5万1700円
FDA　3万6000円～3万9000円

東京　羽田空港
1日50～51便　所要1時間40分

ANA　4万3100円～5万1600円
JAL　4万3010円～4万6750円
SKY　2万6000円～3万3800円
ADO　3万1080円～3万7620円

青森　青森空港
1日5便　所要50分

ANA　2万7200円～3万3100円
JAL　2万7170円～2万9920円

秋田　秋田空港
1日2便　所要1時間5分

ANA　3万1400円～3万7500円

花巻　いわて花巻空港
1日2便　所要55分

JAL　3万2230円～3万5530円

仙台　仙台空港
1日15便　所要1時間15分

ANA　3万6500円～4万2500円
JAL　3万6410円～3万9170円
ADO　3万760円～3万4870円
IBX　3万5500円～3万7200円
APJ　5290円～3万2670円

山形　山形空港
1日1便　所要1時間15分

JAL　3万6960円～4万370円
FDA　3万2000円～3万3000円

福島　福島空港
1日1便　所要1時間35分

ANA　4万円～4万7400円

茨城　茨城空港
1日2便　所要1時間20分

SKY　2万6000円～3万3800円

東京　成田国際空港
1日18～20便　所要1時間45分

ANA　4万3100円～5万1600円
JJP　4980円～3万7390円
APJ　4990円～3万9270円
SJO　3760円～3万5480円

大手航空会社と格安航空会社（LCC）どちらを選択？

航空運賃の安さで注目を集めているのが、格安航空会社（ローコスト・キャリア）、通称LCC。大手航空会社の半額以下の料金で利用できることもある。新千歳空港への路線には、ジェットスター、ピーチ、スプリングスの3つのLCCが就航。

ただし、料金が安いぶん、デメリットもある。大手航空会社と比較したうえで、最適なものを利用したい。

格安航空会社（LCC）

○ 何より運賃が割安
運賃の安さがなんといっても最大の魅力。搭乗日にもよるが、直前予約でも、安くチケットが手に入る。タイムセールで激安チケットを買えることもある。また、通常は片道は往復に比べると安くなりにくいが、LCCなら片道でも割安価格で購入が可能。

○ 機材が新しい
比較的新しい航空会社が多いため、機材も新しいものを使用している場合が多い。

× サービスが大手ほど充実していない
LCCでは、手荷物預かりや機内食といったサービスが有料。そのほか、便の欠航や遅延があっても、基本的に他社便への振替や補償がない。

× ターミナルが遠い
空港の端にあることが多いLCCのターミナル。新千歳空港でも、LCC各社の受付カウンターはまさに端にあり、JR新千歳空港駅の駅構内からだと徒歩10分ほど時間がかかってしまう。

大手航空会社

○ 手厚いサービス
機内食、アメニティ、映画などのエンターテインメントを無料で提供。預ける荷物への制限も少ない。また、欠航になってしまった場合、振替便手配や宿泊施設の提供など、しっかりケアされる。そのほか、ネット予約が基本のLCCに対し、コールセンターでも予約を受け付けてくれる。

○ マイルが貯まる
航空会社が実施しているポイントプログラム、マイレージ。日々の買い物や、航空券購入時にマイルと呼ばれるポイントを貯めて、航空券などと交換できる制度。LCCではマイルが貯められないことがほとんどなので、マイレージ重視なら、大手航空会社の利用がおすすめ。

× LCCに比べると料金が高くつきやすい
片道の航空券が割高、直前予約だと正規運賃になるなど、料金に融通がきかないところがデメリット。ただ、繁忙期の場合、早めの予約でLCCより安くなることも。

航空会社問い合わせ先

ANA（全日空）
☎0570-029-222

SKYMARK（SKY）
☎0570-039-283

JAL（日本航空）
☎0570-025-071

ピーチ（APJ）
☎0570-001292

ジェットスター・ジャパン（JJP） ☎0570-550-538

エアドゥ（ADO）
☎011-707-1122

フジドリームエアラインズ（FDA） ☎0570-55-0489

IBEXエアラインズ（IBX） ☎0570-057-489

スプリング・ジャパン（SJO） ☎0570-666-118

北海道へのアクセス

新千歳空港

札幌市中心部から南東45kmに位置する北海道の空の玄関口。道外から多くの空路が入り、国内線の年間乗降客は1700万人以上。

空港からのアクセス

新千歳空港連絡バス
北都交通と北海道中央バスが運行する、新千歳空港から札幌駅や札幌市内の主要地下鉄駅など各所を結ぶ高速乗合バス。札幌駅までは所要約1時間20分・片道1300円で移動できる。
北都交通 ☎011-375-6000
北海道中央バス札幌ターミナル ☎0570-200-600

快速エアポート
新千歳空港から札幌駅・小樽駅を直通で結ぶJRの列車。日中は毎時6本で運行し、札幌駅まで最速37分・1150円、小樽駅まで最速74分・1910円で移動できる。
JR北海道電話案内センター ☎011-222-7111

旭川空港

旭川市中心部の南東15kmに位置する。便数は少ないが、旭山動物園や富良野中心の滞在を考えるなら選択肢に加えたい。

空港からのアクセス

旭川空港連絡バス
旭川電気軌道が運行する、旭川空港と旭川市内を結ぶ専用バス。旭川駅までは所要時間30～40分・片道750円で移動できる。
旭川電気軌道 ☎0166-23-3355

路線バス
旭川電気軌道の路線バスが旭川空港発着で運行しており、旭川空港経由の旭岳線旭川駅行きは旭川駅までは所要時間30～40分・片道750円、旭川空港～旭山動物園は旭山動物園まで途中停車なしで約35分、片道650円。また、富良野方面ならふらのバス「ラベンダー号（P.173）」で移動できる。
旭川電気軌道 ☎0166-23-3355

空路以外のアクセス方法

北海道は青函トンネルによって本州とつながっているので、列車でアクセスする方法もある。北海道新幹線の新青森駅～新函館北斗駅間の開通により東北新幹線から直通運転を行っている。また、小樽・苫小牧・苫小牧東の3港がフェリーの玄関口となっており、小樽港へは新日本海フェリーが新潟、舞鶴からの航路を運航している。
JR北海道電話案内センター ☎011-222-7111

新日本海フェリー
小樽フェリーターミナル
☎0134-22-6191
大阪予約センター ☎06-6345-2921
東京予約センター ☎03-5532-1101

※データは2023年12月現在のものです

169

道内の主要エリア間は列車か車での移動が一般的

札幌・小樽・富良野周辺の交通

主要な観光エリア間の距離が離れている北海道。札幌・小樽・富良野周辺に限定しても同様で、移動時間が長くとられがち。各エリア間移動の所要時間を把握して旅の予定を組むのが大事だ。

札幌～旭山動物園
車 約2時間20分／155km
道央自動車道、道道37号を経由
列車・バス 約2時間20分
JR特急カムイ／ライラックを利用
旭川駅から、旭川電気軌道バスを利用

積丹～余市
車 約35分／24km
国道229号を利用

小樽～積丹
車 約1時間／42km
国道5号・229号を利用

小樽～余市
車 約30分／20km
国道5号を経由
列車 約25分
JR函館本線(普通)を利用

札幌～小樽
車 約50分／37km
札樽自動車道を経由
列車 約35分
JR快速エアポートを利用

美瑛～旭川
車
約40分／25km
国道237号を経由
列車 約35分
JR富良野線(普通)を利用

富良野～美瑛
車
約40分／33km
国道237号を経由
列車 約40分
JR富良野線(普通)を利用

新千歳空港～札幌
車 約1時間／55km
道央自動車道を経由
列車 約40分
JR快速エアポートを利用

札幌～富良野
車 約2時間30分／140km
道央自動車道、国道38号を経由
列車 約2時間15分
JR特急カムイ／ライラック、滝川駅からJR根室本線(普通)を利用

小樽～ニセコ
車 約1時間40分／75km
国道393号・5号を経由
列車 約1時間50分
JR函館本線(普通)を利用

札幌～ニセコ
車 約2時間／90km
国道230号、道道696号・66号を経由

※根室本線富良野駅～新得駅間、2024年4月1日廃止予定

旭川
旭川北IC
石北本線
旭川鷹栖IC
旭川駅
旭川市旭山動物園
旭川空港
美瑛駅
美瑛
富良野駅
富良野
新得駅
トマムIC
小樽
余市
積丹
小樽駅
小樽IC
余市駅
余市IC
札幌北IC
札幌IC
札幌駅
札幌南IC
札幌
ニセコ
ニセコ駅
千歳IC
新千歳空港駅
新千歳空港IC
新千歳空港
三笠IC
滝川IC
夕張IC
函館本線
室蘭本線
道央自動車道
石勝線
道東自動車道
根室本線
富良野線
札樽自動車道
深川留萌自動車道
函館本線

時間に縛られない旅が理想なら
レンタカーを利用する

広大な北海道内の移動は、公共交通機関ではカバーしきれない部分も多く、自由に移動したいならまず候補に挙がるのはレンタカー。空港やJRの主要駅で受け取って、観光に出発したい。

公共交通機関の範囲外でも自由に移動

● ネットで事前予約が安心

札幌などでは公共交通機関が整備されているが、路線や便数が限られ移動しにくいエリアやアクセスしにくいスポットもあるので、時間を気にせず旅の計画が自由に組めるレンタカーは便利だ。レンタカー会社ごとにさまざまなプランが提供され、ネットの比較サイトなら好みの条件(乗車するエリア、車種、喫煙／禁煙車など)を満たすプランも探しやすい。

新千歳空港や旭川空港に到着してすぐにレンタカーに乗りたい場合は空港近くの営業所での受け取りを選択して予約。旅行当日は空港でレンタカー会社の送迎車に乗り、近くの営業所に行って手続きをする。もちろん、空港以外での受け取りも選択できる。事前に予約をしていなかった場合は、空港のレンタカー案内所へ。繁忙期は、当日に希望の車両に空きがない可能性もあるため、早めに予約しておいたほうが安心。

自分で手配する手間を省きたいなら、あらかじめレンタカーが組み込まれた、旅行会社のツアーを利用するのも手だ。

おすすめの比較サイト
北海道レンタカー比較 kita-tabi.com
たびらい北海道 www.tabirai.net/car/hokkaido/

(レンタカーの利用方法)

① 空港に到着
国内線到着ロビーを出て、道路を渡ったところで、レンタカー会社の送迎車に乗る。

② 営業所で手続き
送迎車で空港近くの営業所に行き、車を借りる。運転免許証を提示して、書類に必要事項を記入。料金もここで支払う。返却日時や場所、保険や補償についての説明はしっかり聞いておきたい。混雑していると、待ち時間が発生することも。

③ 車に乗って出発!
手続きを終えたら、レンタカーとご対面。スタッフと一緒に、目視で車の状態を確認する。カーナビやETCの操作方法も教えてもらえる。わからないことは質問して解消しておこう。そのあとは、いよいよ車に乗って北海道旅行へ出発!

④ レンタカーを返却
車を返すときは、ガソリンを満タンにした状態で。追加料金などがあった場合は、その精算をする。返却後は、行きと同様に送迎車に乗って、空港へ移動。帰りの便に遅れないよう、時間に余裕をもったスケジュールを組んでおきたい。

北海道の主なレンタカー会社

レンタカー会社名	予約センター	新千歳空港営業所
オリックスレンタカー	☎ 0120-30-5543	☎ 0123-22-0543
トヨタレンタカー	☎ 0800-7000-111	☎ 0123-23-0100
ニッポンレンタカー	☎ 0800-500-0919	☎ 0123-26-0919
OTS レンタカー	☎ 0123-27-7000	☎ 0123-27-7000
日産レンタカー	☎ 0120-00-4123	☎ 0123-27-4123
タイムズカーレンタル	☎ 0120-00-5656	☎ 0123-45-8756
スカイレンタカー	☎ 0123-25-5544	☎ 0123-25-5544
駅レンタカー北海道	web 予約のみ	☎ 0123-22-8321

レンタカー Q&A

Q. プランに含まれている免責補償料って?
A. 利用者が事故を起こした場合、その修繕費の利用者負担を補償するための料金。

Q. ホテルへの配車や返車には対応してもらえる?
A. 会社や店舗によって異なるので確認を。別途料金がかかることもある。

Q. 飛行機が欠航になった場合どうすればいい?
A. 天候が原因で欠航になった場合、キャンセル料は発生しない会社が多いが、念のため連絡を入れておこう。

Q. 運転者の交替はOK?
A. 一般的には、出発時に運転者の名前を伝えて、免許証を提示していれば可能。

ドライブ時の注意事項

①北海道の広さを念頭に
広大な北海道では、観光スポット間、エリア間の移動距離が長くなりがち。移動時間には余裕をもち、ガス欠や運転による疲労を防ぐために早めの給油や休憩を心がけたい。

②野生動物が飛び出すことも
豊かな自然が残る北海道では、野生動物が突然道路上に飛び出してくることも多い。見晴らしが良いと速度を出しがちだが、常に速度に気をつけ視界を広くもち運転したい。

③冬季の運転は細心の注意が必要
北海道では天候をあまり気にせず運転できる期間は6～9月の短い間だけ。気温が低い10～5月は雪が降ったり路面が凍結するため、スタッドレスタイヤが必須になるほか、普段以上に慎重な運転を心がける必要がある。とにかくスピードは控えめに、車間距離にも気を配り、ブレーキは早めにゆっくりと余裕をもって。また、日なたは問題なくても日陰の路面が凍結している場合もあるので要注意。

札幌・小樽・富良野周辺の交通／レンタカーを利用する

171

市内の移動は地下鉄が中心。目的地により市電、路線バスも利用できる

札幌の交通

市内で運行している地下鉄と市電、路線バスの3種類の公共交通機関を使い分ければ、
ほとんどの主要なスポットへ不自由なくアクセスできる。観光に便利な周遊バスも知っておきたい。

アクセスと交通

地下鉄

大通駅を中心に東西南北に延びる

市営地下鉄が大通駅を起点として南北線・東西線・東豊線の3線で展開されている。日中は約7分程度の間隔で運行しており、初乗り料金は210円。

地下鉄専用1日乗車券
830円で市内の地下鉄全線が1日乗り放題。土・日曜、祝日、12月29日～1月3日なら同様の「ドニチカキップ」が520円でさらにお得。　札幌市交通案内センター ☎011-232-2277

市電

ループする路面電車

● 市内南西部の移動に便利

中心部の西4丁目と狸小路、すすきのを経由して、札幌もいわ山ロープウェイ方向まで約1時間かけて一周する。日中は約7～8分間で運行。運賃は均一200円。

路面電車1日乗車券（モバイル版も販売）
路面電車に一日中、何回でも乗車できる乗車券（販売当日のみ有効）。大人500円、こども250円。

ドサンこパス（モバイル版も販売）
土・日曜、祝日および、年末年始（12月29日～1月3日）いずれか1日に、大人1名とこども2名が路面電車に一日中何回でも乗車できる乗車券。（販売当日のみ有効）。1枚400円。

札幌市電24時間乗車券（モバイル版のみ販売）
利用開始から24時間（運行のない時間帯を含む）、路面電車に何回でも乗車できる乗車券。大人780円、こども390円。
※モバイル版乗車券の利用にはジョルダン株式会社が提供するスマートフォン向けアプリ「乗換案内」が必要
札幌市交通案内センター ☎011-232-2277

地下鉄・市電路線図 ➡ P.41

路線バス

地下鉄駅から乗り継いで移動

● 市街地を離れたスポットへ行くなら

北海道中央バス、じょうてつバス、ジェイ・アール北海道バスが路線バスを運行しており、市電と同じく地下鉄の乗継指定駅での乗継割引（80円、詳細は各バス会社に要確認）もあるので、地下鉄駅から離れた場所に移動する際には活用を。また、市内中心部の区間は100円で乗車できる路線もある。
北海道中央バス札幌ターミナル ☎0570-200-600
じょうてつ川沿営業所 ☎011-572-3131
ジェイ・アール北海道バス本社営業部 ☎011-622-8111

1日乗りほーだいきっぷ
800円でジェイ・アール北海道の札幌圏内の路線が1日乗り放題になるフリー切符。遠距離の移動が多いほどお得だ。
ジェイ・アール北海道バス本社営業部 ☎011-622-8111

周遊バス

市内の主要観光地を循環・観光に便利

● サッポロビール園、円山方面へ

北海道中央バスでは「さっぽろうぉ～く（通年、日中は約30分間隔、サッポロビール園方面へ一周約30分、210円）」を運行している。
北海道中央バス札幌ターミナル ☎0570-200-600

中央バス札幌市内1DAYパス
さっぽろうぉ～くを含む札幌市内の中央バスが1日乗り放題になる共通券。料金は750円。
北海道中央バス札幌ターミナル ☎0570-200-600

(自転車で札幌の街を巡る)

シェアサイクルサービス「ポロクル」は、札幌市内に約50カ所以上あるポート（専用駐輪場）ならどこで借りて、どこで返してもよい。電動アシスト付き自転車で自由自在に移動でき、市内観光に便利。詳細はHPで確認を。

ポロクル1日パス
🕐24時間※1日パスは利用当日の23時59分まで有効 🅿11月中旬～4月上旬 💴1日パス1430円～（2023年時点）※WEB購入可能（購入方法によって金額が変わる）🔗 https://porocle.jp

小樽駅、小樽運河周辺は徒歩で移動が可能。

小樽の交通

中心部の観光スポットは徒歩でも十分移動できる範囲内に集中しているが、
楽に移動したいときや祝津や天狗山方面へ移動したいときはバスの出番だ。JRの駅も使い分けたい。

観光路線バス

市内観光スポットへのアクセスに便利

　北海道中央バスの「おたる散策バス」が、小樽駅前と小樽
運河・堺町周辺を30分間隔（1日18便）で周遊している（※2023
年12月現在運休中）。天狗山、おたる水族館へ行くなら、小樽
駅前か本局前から路線バスを利用しよう（天狗山ロープウェ
イ行きは30分間隔、おたる水族館行きは小樽駅前から1時
間に2本運行）。

　おたる市内線バス1日乗車券
市内240円区間の路線バスが1日乗り放題、800円。
北海道中央バス小樽ターミナル ☎0134-25-3333

JR

小樽駅、南小樽駅、小樽築港駅を使い分ける

● 小樽港寄りの観光スポットへ

　中心部から南側へは、小樽駅からJRで移動すると便利だ。
JR北海道電話案内センター ☎011-222-7111

小樽観光路線バス
――― おたる散策バス
――― 天狗山ロープウェイ線
――― おたる水族館線
※天狗山ロープウェイ線と
おたる水族館線はそのほか
小樽市内停留所にも停車

おたる水族館
小樽貴賓館（夏季のみ）
総合博物館
色内1丁目
運河プラザ
小樽駅前ターミナル
小樽駅
稲穂十字街
本局前
小樽運河
かま栄本社前
堺町
ヴェネツィア美術館
日銀金融資料館
北一硝子前
北一硝子三号館前
メルヘン交差点
南小樽駅
小樽築港駅
天狗山ロープウェイ
函館本線

JRと路線バスを組み合わせて利用。移動の範囲が広がるレンタカーもおすすめ

富良野・美瑛の交通

広い範囲に観光スポットが離れて点在しているが、公共交通機関は路線や便数が限定的なので、
事前に最新情報をしっかり確認したい。南北に縦断するJRの各主要駅を基点に、路線バスが運行する。

JR

エリアを縦断して富良野～美瑛間を結ぶ

　富良野～美瑛間は750円で所要約40分。例年は、6月～10
月下旬にはファーム富田近くに臨時でラベンダー畑駅も設置
され、観光列車「富良野・美瑛ノロッコ号」が登場する（ダイ
ヤ、運転日などは要確認）。
JR北海道電話案内センター ☎011-222-7111

路線バス

JRの駅発着で郊外のスポットへ向かう

　道北バスが美瑛駅から白金温泉方面へ、ふらのバスが富良
野駅から麓郷方面と御料方面、富良野～旭川間を美瑛や主要
観光スポットを経由して向かう「ラベンダー号」を運行する。
ふらのバス ☎0167-23-3131　道北バス ☎0166-23-4161

　観光周遊バス
富良野駅・旭川駅・旭川空港を基点に観光スポットを巡る周
遊バス。6月中旬～9月下旬、コースにより料金は異なる。
ふらのバス ふらの旅行 ☎0167-23-1121

札幌の交通　小樽の交通　富良野・美瑛の交通

173

INDEX

STAFF

編集制作 Editors
(株)K&Bパブリッシャーズ

取材・執筆 Writers
石川愛依子　北川裕美子　古田夏也
グレアトーン(江本明美)

撮影 Photographers
伊東雄一　上野公人　遠藤健次
尾野公一　刀根裕司　澤山直樹
グレアトーン(江本秀幸)

執筆協力 Editors
好地理恵　篠塚和子

編集協力 Writers
(株)ジェオ

本文・表紙デザイン Cover & Editorial Design
(株)K&Bパブリッシャーズ

表紙写真 Cover Photo
PIXTA

地図制作 Maps
トラベラ・ドットネット(株)
DIG.Factory

写真協力 Photographs
関係各市町村観光課・観光協会
関係諸施設
PIXTA

総合プロデューサー Total Producer
河村季里

TAC出版担当 Producer
君塚太

TAC出版海外版権担当 Copyright Export
野崎博和

エグゼクティブ・プロデューサー
Executive Producer
猪野樹

おとな旅 プレミアム
札幌・小樽・富良野 旭山動物園 第4版

2024年3月5日　初版　第1刷発行

著　　　者　TAC出版編集部
発 行 者　多 田 敏 男
発 行 所　TAC株式会社　出版事業部
　　　　　　　　　　（TAC出版）

〒101-8383 東京都千代田区神田三崎町3-2-18
電話　03(5276)9492(営業)
FAX　03(5276)9674
https://shuppan.tac-school.co.jp

印　　刷　株式会社　光邦
製　　本　東京美術紙工協業組合

©TAC 2024　Printed in Japan　ISBN978-4-300-10962-5
N.D.C.291　　　　　　　　　落丁・乱丁本はお取り替えいたします。

本書に掲載した地図の作成に当たっては、国土地理院発行の数値地図
(国土基本情報)電子国土基本図(地図情報)、数値地図(国土基本情報)
電子国土基本図(地名情報)及び数値地図(国土基本情報20万)を調整し
ました。